Dvasia, siela
ir kūnas: 1 tomas

Paslaptingo savęs ieškojimo istorija

Dvasia, siela
ir kūnas: 1 tomas

Dr. Jaerock Lee

Spirit, Soul, and Body: Volume 1 by Dr. Jaerock Lee
Published by Urim Books (Atstivas: Johnny. H. Kim)
235-3, Guro-dong 3, Guro-gu, Seoul, Korea
www.urimbooks.com

Visos teisės saugomos. Šios knygos ar jos dalių panaudojimas bet kokia forma, saugoma paieškos sistemoje, arba perduodama bet kokia forma ir bet kokiomis priemonėmis (elektroninėmis, mechaninėmis, fotokopijų, įrašų ar kitu) be išankstinio leidėjo sutikimo yra draudžiamas.

Visos Šventojo Rašto citatos paimtos iš tinklavietės
RUBŠIO IR KAVALIAUSKO BIBLIJA, LBD ekumeninis leidimas 1999 m.
© Lietuvos Biblijos draugija, 1999.
© Lietuvos Vyskupų Konferencija, 1999.

Copyright © 2012 by Dr. Jaerock Lee
ISBN: 979-11-263-1305-1 03230
Translation Copyright © 2012 by Dr. Esther K. Chung. Used by permission.

2009 m. išleista „Urim Books" leidyklos korėjiečių kalba

First Published July 2012

Redaktorė Dr. Geumsun Vin
Dizainas: Editorial Bureau of Urim Books
Daugiau informacijos: urimbook@hotmail.com

Pratarmė

Paprastai žmonės nori sėkmės ir laimingo bei patogaus gyvenimo, bet net įgijęs daug pinigų, valdžios ir garbės niekas neišvengs mirties. Shir Huang-di, pirmasis senovės Kinijos imperatorius, ieškojo gyvybės eleksyro augalo, bet taip pat neišvengė mirties. Tačiau Dievas parodė mums Biblijoje kelią į amžinąjį gyvenimą. Šis gyvenimas įgyjamas per Jėzų Kristų.

Nuo to laiko, kai aš priėmiau Jėzų Kristų ir pradėjau skaityti Bibliją, ėmiau melstis, kad giliai suprasčiau Dievo širdį. Dievas atsakė man po septynerių metų po daugybės maldų ir pasninko laikotarpių. Kai įkūriau bažnyčią, Dievas per Šventosios Dvasios įkvėpimą paaiškino man daug sudėtingų Biblijos mokymų, vienas iš kurių apie dvasią, sielą ir kūną. Tai paslaptinga istorija, leidžianti suprasti žmonių kilmę ir save. Tai žinios, kurių negirdėjau niekur kitur, ir aš neapsakomai džiaugiuosi jomis.

Kai aš pasidalinau žiniomis apie dvasią, sielą ir kūną,

išgirdau daug liudijimų ir atsiliepimų Korėjoje ir užsienio šalyse. Daug žmonių liudija, kad suvokė save, suprato savo būtį ir gavo atsakymus į daug sudėtingų klausimų Biblijoje bei surado kelią į tikrą gyvenimą. Kai kurie iš šių žmonių sako, kad dabar turi tikslą tapti dvasios žmonėmis ir Dievo prigimties dalininkais, kai parašyta Antrame Petro laiške 1, 4: „Drauge jis mums padovanojo ir brangius bei didžius pažadus, kad per juos taptumėte dieviškosios prigimties dalininkais, pabėgę nuo sugedimo, kurį skleidžia pasaulyje geiduliai."

Sun Tzu knygoje Karo menas sako, kad jeigu pažįsti save ir savo priešą, niekada nepralaimėsi mūšio. Žinios apie dvasią, sielą ir kūną įlieja šviesos, atskleidžia mūsų asmenybės ir žmogaus kilmę. Kai įsisąmoninsime šias žinias, suprasime kitus žmones. Mes taip pat išmoksime nugalėti tamsos jėgas, dariusias mums poveikį, ir gyventi pergalingą krikščionišką gyvenimą.

Dėkoju Geumsun Vin, redaktorių biuro direktorei, ir

Pratarmė

visiems darbuotojams, prisidėjusiems prie šios knygos išleidimo. Tikiuosi, kad jūs klestėsite visose srityse, būsite sveiki, turėdami sveiką sielą, ir tapsite dieviškosios prigimties dalininkais.

2009 m. liepa
Jaerock Lee

Kelionės į dvasios, sielos ir kūno paslaptis pradžia

„*Pats ramybės Dievas jus tobulai tepašventina ir teišlaiko sveiką bei nepeiktiną jūsų dvasią, sielą ir kūną mūsų Viešpaties Jėzaus atėjimui*"
(Pirmas laiškas tesalonikiečiams 5, 23).

Teologai ginčijasi dėl žmogaus prigimties, vieni laikosi dichotomijos, kiti – trichotomijos teorijos. Dichotomijos teorija sako, kad žmogus susideda iš dviejų dalių: dvasios ir kūno, tuo tarpu trichotomijos teorija sako, kad dalys yra trys: dvasia, siela ir kūnas. Ši knyga remiasi trichotomijos teorija.

Pažinimas gali būti suskirstytas į Dievo ir žmonių pažinimą. Labai svarbu pažinti Dievą, gyvenant šioje žemėje. Mes gyvensime sėkmingai ir pelnysime amžinąjį gyvenimą, kai suprasime Dievo širdį ir vykdysime Jo valią.

Žmonės buvo sukurti pagal Dievo paveikslą ir negali gyventi be Dievo. Be Dievo žmonės negali aiškiai suprasti ir savo kilmės. Mes randame atsakymus į klausimus apie žmonių kilmę tik sužinoję, kas yra Dievas.

Dvasia, siela ir kūnas priklauso sričiai, kurios negalime perprasti vien žmonių žiniomis, išmintimi ir pastangomis. Tai sritis, kurią mums apšviečia tik Dievas, kuris supranta žmonių kilmę. Taip pat tik tas, kuris sukūrė kompiuterį, turi profesionalių žinių apie kompiuterių sandarą bei principus ir gali išspręsti bet kokias problemas, susijusias su kompiuterio veikimu. Ši knyga yra pilna ketvirtos dimensijos dvasinių žinių, duodančių aiškius atsakymus į klausimus apie dvasią, sielą ir kūną.

Šioje knygoje skaitytojai atras ypatingų dalykų, įskaitant šiuos:

1. Dvasiškai supratę dvasią, sielą ir kūną, kurie yra sudedamosios žmonių dalys, skaitytojai galės pažvelgti į save ir suprasti žmonių gyvenimą.

2. Jie galės pasiekti visišką savirealizaciją, tapti tikrais savimi, tokiais, kam buvo sukurti. Ši knyga rodo skaitytojams kelią apaštalo Pauliaus savęs suvokimą, kaip jis sako Pirmame laiške korintiečiams 15, 31: „Aš kasdien mirštu", šventumo siekimą ir tapimą dvasiniais žmonėmis, patinkančiais Dievui.

3. Mes išvengsime priešo velnio bei šėtono spąstų ir įgysime galios nugalėti tamsą tik tada, kai suprasime save. Kaip Jėzus sakė: „Taigi [Įstatymas] vadina dievais tuos, kuriems skirtas Dievo žodis, ir Raštas negali būti panaikintas." (Evangelija pagal Joną 10, 35), ši knyga rodo skaitytojams, kaip tapti dieviškosios prigimties dalininkais ir gauti visus Dievo pažadėtus palaiminimus.

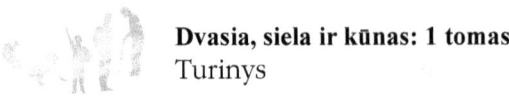

Dvasia, siela ir kūnas: 1 tomas
Turinys

Pratarmė

Kelionės į dvasios, sielos ir kūno paslaptis pradžia

1 dalis Kūno sandara

1 skyrius Kūno sąvoka

2 skyrius Sukūrimas
1. Slėpiningas erdvių atskyrimas
2. Fizinė ir dvasinė erdvės
3. Žmonės su dvasia, siela ir kūnu

3 skyrius Žmonės fizinėje erdvėje
1. Gyvybės sėkla
2. Kaip žmogus atsiranda
3. Sąžinė
4. Kūno darbai
5. Ugdymas

2 dalis Sielos sandara
(Sielos veikimas fizinėje erdvėje)

1 skyrius Sielos sandara
1. Sielos apibrėžimas
2. Sielos veikimas fizinėje erdvėje
3. Tamsa

2 skyrius Savasis aš

3 skyrius Kūno reikalai

4 skyrius Gyvos dvasios lygmuo

3 dalis Dvasios atgaivinimas

1 skyrius Dvasia ir sveika dvasia

2 skyrius Dievo pradinis planas

Dvasia, siela ir kūnas: 1 tomas

1 dalis

Kūno sandara

Kokia žmogaus kilmė?
Iš kur mes atėjome ir kur einame?

Juk tu sukūrei mano širdį,
numezgei mane motinos įsčiose.
Šlovinu tave,
nes esu nuostabiai padarytas.
Tavo visi darbai nuostabūs,
aš tai gerai žinau.
Mano išvaizda tau buvo žinoma,
kai buvau slapta kuriamas,
rūpestingai sudėtas žemės gelmėse;
tavo akys matė mane dar negimusį.
Į tavo knygą buvo įrašytos
visos man skirtos dienos,
kai nė viena jų dar nebuvo prasidėjusi.
Psalmynas 139, 13-16

1 skyrius
Kūno sąvoka

Žmogaus kūnas, laikui bėgant, virsta dulkėmis; viskas, ką žmonės valgo; visi daiktai, kuriuos žmonės mato, girdi ir kuriais džiaugiasi; viskas, ką jie padaro – visa tai yra „kūnas".

Kas yra kūnas?

Žmonės yra negarbingi ir neturi vertės, jei pasilieka kūne

Visatoje visi daiktai turi skirtingus matmenis

Aukštesni matmenys valdo žemesniuosius

Visą žmonijos istoriją žmonės ieškojo atsakymo į klausimą „Kas yra žmogus?" Atsakymas į šį klausimą atsako mums į kitus klausimus: „Koks mūsų gyvenimo tikslas?" ir „Kaip mes turime gyventi?" Žmogaus būties studijos, tyrimai ir apmąstymai yra pagrindinė filosofijos ir religijos veikalų tema, bet sunku rasti aiškų ir glaustą atsakymą.

Nepaisant to, žmonės nuolat ieško atsakymų į klausimus „Kokia būtybė yra žmogus?" ir „Kas aš esu?" Atsakymuose į šiuos klausimus glūdi pagrindinių žmogaus būties problemų sprendimas. Šio pasaulio studijos negali duoti aiškaus atsakymo į šiuos klausimus, bet Dievas gali. Jis sukūrė Visatą ir viską, kas joje yra, įskaitant žmogų. Dievo atsakymas yra teisingas. Atsakymą į šiuos klausimus randame Biblijoje, Dievo žodyje.

Teoretikai dažnai skirsto žmogaus sandarą į dvi dalis: dvasią ir kūną. Proto veiklą apimanti dalis vadinama dvasia, o regimoji fizinė dalis vadinam kūnu. Tačiau Biblija skirsto žmogaus sandarą į tris dalis: dvasią, sielą ir kūną.

Pirmame laiške tesalonikiečiams 5, 23 parašyta: „Pats ramybės Dievas jus tobulai tepašventina ir teišlaiko sveiką bei nepeiktiną jūsų dvasią, sielą ir kūną mūsų Viešpaties Jėzaus atėjimui." Dvasia ir siela yra ne tas pats. Skiriasi ne tik jų pavadinimai, bet ir esmė. Norėdami suprasti, kas yra žmogus, turime žinoti, kas yra kūnas, siela ir dvasia.

Kas yra kūnas?

Pirmiausia pažvelkime į kūno apibrėžimą „Lietuvių kalbos žodyne: „žmogaus ar gyvulio organizmas; susijusių tarp savęs materialinių dalelių sistema; kuo nors užpildyta erdvės dalis, medžiaga daiktas; numirėlis, lavonas." Tačiau kad suvoktume, ką žodis „kūnas" reiškia Biblijoje, turime žinoti dvasinę jo prasmę ir neapsiriboti žodyno apibrėžimu.

Biblija dažnai vartoja žodį „kūnas". Dažniausiai jis turi dvasinę prasmę. Dvasine prasme kūnas reiškia daiktus, kurie genda, keičiasi ir galiausiai pranyksta, laikui bėgant. Taip pat tai purvini, nešvarūs daiktai. Medžiai turi žalius lapus, kurie nudžius ir nukris, bei šakas ir kamienus, kurie tampa malkomis. Medžiai, augalai ir visi daiktai gamtoje genda, yra ir pranyksta, laikui bėgant. Visi jie yra kūnas.

O kaip žmonės, visų kūrinių valdovai? Šiandien pasaulyje gyvena maždaug 7 milijardai žmonių. Dabartinę akimirką žmonės gimsta ir miršta šioje žemėje. Kai jie miršta, jų kūnai virsta dulkėmis, jie taip pat yra kūnas. Maistas, kurį valgome; kalbos, kuriomis kalbame; abėcėlės minčių užrašymui ir žmonijos mokslo bei technologijų civilizacijos taip pat yra kūnas. Visa tai nyksta, keičiasi ir miršta laiko tėkmėje. Todėl viskas, ką matome šioje žemėje ir visi mums žinomi daiktai Visatoje yra „kūnas".

Žmonės, atsiskyrę nuo Dievo, yra kūniškos būtybės. Tai, ką jie padaro taip pat yra „kūnas". Ką kūniški žmonės kuria ir ko siekia? Jie stengiasi patenkinti tik kūno geidulius, akių geismą ir gyvenimo puikybę. Net žmonijos civilizacijos buvo sukurtos tik penkių žmogaus pojūčių patenkinimui. Jos padeda ieškoti malonumų ir patenkinti žmonių kūniškus geidulis bei troškimus. Laikui bėgant, žmonės siekė vis juslingesnių ir vis labiau provokuojančių dalykų. Kuo labiau išsivysto civilizacija, tuo žmonės tampa geidulingesni ir labiau sugedę.

Be matomo yra ir nematomas „kūnas". Biblija sako, kad neapykanta, kivirčai, pavydas, žmogžudystė, paleistuvystė ir viskas, kas susiję su nuodėme, yra kūnas. Gėlių kvapas, oras ir vėjas tikrai yra, nors ir nematomi, kaip ir nuodėmingi polinkiai žmogaus širdyje. Visi jie yra „kūnas". Todėl jis reiškia visus kintančius ir pradingstančius daiktus visatoje ir visas maištingos prigimties apraiškas: nuodėmes, pyktį, neteisumą ir įstatymų nepaisymą.

Laiškas romiečiams 8, 8 sako: „Kas gyvena kūniškai, negali patikti Dievui." Jeigu žodis „kūniškai" šioje eilutėje kalbėtų tik apie fizinį žmogaus kūną, joks žmogus niekada nepatiktų Dievui. Todėl čia šis žodis turi turėti kitą prasmę.

Taip pat Evangelijoje pagal Joną 3, 6 Jėzus sako: „Kas gimė iš kūno, yra kūnas, o kas gimė iš Dvasios, yra dvasia" ir Evangelijoje pagal Joną 6, 63: „Dvasia teikia gyvybę, o kūnas nieko neduoda. Žodžiai, kuriuos jums kalbėjau, yra dvasia ir gyvenimas." „Kūnas" čia taip pat yra tai, kas kečiasi ir žūsta, todėl Jėzus sako, kad jis nieko neduoda.

Žmonės yra negarbingi ir neturi vertės, jei pasilieka kūne

Skirtingai nuo gyvulių, žmonės ieško vertybių, paremtų jausmais ir mintimis, bet jeigu jos neamžinos, tai taip pat kūnas. Žmonių vertinami turtai, garbė ir žinios taip pat yra beprasmiai, nes greitai pražus. O kaip jausmas, vadinamas „meile"? Kai du žmonės susitikinėja, jiems atrodo, kad jie negali gyventi vienas be kito, bet daug porų greitai persigalvoja po santuokos ir ima pyktis, ginčytis ir net smurtauti tik todėl, kad sutuoktiniams kas nors nepatinka. Visi šie besikeičiantys jausmai taip pat yra kūnas. Jeigu žmonės gyvena kūniškai, jie nelabai skiriasi nuo gyvūnų ir augalų. Dievui visi šie dalykai yra tik kūnas, kuris pražus ir išnyks.

Petro pirmas laiškas 1, 24 sako: „Kiekvienas kūnas tartum

žolynas, ir visa jo garbė tarsi žolyno žiedas. Žolynas sudžiūsta, ir žiedas nubyra," ir Jokūbo laiške 4, 14 pasakyta: „Jūs juk nežinote, kas jūsų rytoj laukia! Ir kas gi jūsų gyvybė? Esate garas, kuris trumpam pasirodo ir paskui išnyksta."

Kūnas ir visi sumanymai yra beprasmiai, jeigu žmonės yra atskirti nuo Dievo, kuris yra dvasia. Karalius Saliamonas turėjo visą garbę, turtus ir prabangą, kuriais žmogus gali džiaugtis šiame pasaulyje, bet suprasdamas kūno beprasmybę pasakė: „Miglų migla! sako Mokytojas. Miglų migla! Viskas migla! Kokia nauda žmogui iš viso jo sunkaus triūso, kuriuo jis triūsia po saule? (Mokytojo knyga 1, 2-3)

Visatoje visi daiktai turi skirtingus matmenis

Matmuo fizikoje ir matematikoje yra viena iš trijų koordinačių, apibrėžianti padėtį erdvėje. Taškas linijoje turi vieną koordinatę, ir yra vienmatis. Taškas plokštumoje turi du matmenis ir yra dvimatis. Taškas erdvėje turi tris koordinates ir yra trimatis.

Erdvė, kurioje mes gyvename, yra trimatis pasaulis, kalbant fizikos terminais. Sudėtingesnėje fizikos srityje laikas yra laikomas ketvirtu matmeniu. Tai mokslinis matmenų supratimas.

Tačiau kalbant apie dvasią, sielą ir kūną, matmenys skirstomi į fizinį ir dvasinį. Fizinis matmuo toliau skirstomas nuo bemačio iki trimačio. Negyvi daiktai yra bemačiai. Akmenys, žemė, vanduo ir metalai priklauso šiai kategorijai. Visi gyvi daiktai priklauso pirmai, antrai arba trečiai matmenų kategorijoms.

Pirmas matmuo apima daiktus, kurie yra gyvi ir kvėpuoja, bet negali judėti, jie neturi judėjimo funkcijos. Šiam matmeniui priklauso gėlės, žolė, medžiai ir kiti augalai. Jie turi kūną, bet neturi sielos ir dvasios.

Antras matmuo apima gyvus daiktus, kurie kvėpuoja ir juda, turi kūną ir sielą. Tai gyvūnai, pavyzdžiui, liūtai, karvės, avys, paukščiai, žuvys ir vabzdžiai. Šunys turi sielą, todėl pažįsta savo šeimininkus ir loja ant svetimų žmonių.

Trečias matmuo apima būtybes, kurios kvėpuoja, juda ir turi sielą bei dvasią savo remiuose kūnuose. Jam priklauso žmonės, visų sutvėrimų valdovai. Skirtingai nuo gyvulių, žmonės turi dvasią. Jie galvoja, gali ieškoti Dievo ir tikėti Juo.

Ketvirtas matmuo taip pat yra, bet jis nematomas mūsų akims. Tai dvasinis matmuo. Dievas, kuris yra dvasia, dangaus pulkai, angelai ir kerubai priklauso dvasiniam matmeniui.

Aukštesni matmenys valdo žemesniuosius

Antro matmens būtybės valdo pirmo ir žemesnio matmenų daiktus. Trečio matmens būtybės valdo antro ir žemesnio matmenų atstovus. Žemesnio matmens būtybės negali suprasti aukštesnių matmenų. Pirmo matmens gyvybės formos negali suprasti antro matmens, o pastarojo matmens gyvybės formos negali suprasti trečio matmens. Pavyzdžiui, žmogus pasėja tam tikros rūšies sėklą į dirvą, laisto ir prižiūri ją. Kai sėkla išdygsta, užauga medis ir užaugina vaisių. Ta sėkla nesupranta, ką žmogus jai padarė. Net kai žmonių užmintos kirmėlės miršta, jos nesupranta kodėl. Aukštesni matmenys valdo žemesnių matmenų būtybes, bet, apskritai kalbant, žemesni matmenys neturi pasirinkimo, aukštesni matmenys visada valdo juos.

Panašiai ir žmonės, kurie yra trečio matmens būtybės, nesupranta dvasinės karalystės, kuri yra ketvirto matmens pasaulis. Todėl kūniški žmonės nieko negali padaryti, kad ištrūktų iš vergijos demonams. Tačiau jeigu mes atmetame kūniškumą ir tampame dvasiniais žmonėmis, įžengiame į ketvirto matmens pasaulį, kuriame nugalime piktąsias dvasias.

Dievas, kuris yra dvasia, nori, kad Jo vaikai pažintų ketvirto matmens pasaulį. Tada jie supranta Dievo valią, paklūsta Jam ir įgyja gyvybės. Pradžios knygos pirmame skyriuje parašyta, kad prieš gero ir pikto pažinimo medžio vaisiau valgymą Adomas viešpatavo visiems kūriniams pasaulyje. Kadaise Adomas buvo gyvas dvasia ir priklausė ketvirtam matmeniui, bet kai jis nusidėjo, jo dvasia mirė. Nuo to laiko ne tik Adomas, bet ir visi jo palikuonys priklausė trečiam matmeniui. Pažvelkime, kaip Dievo sukurti žmonės nusmuko į trečią matmenį ir kaip jiems grįžti į ketvirto matmens pasaulį!

2 skyrius
Sukūrimas

Dievas Kūrėjas sukūrė nuostabų žmonių ugdymo planą. Jis padalino Dievo erdvę į fizinę ir dvasinę, sukūrė dangų ir žemę ir viską, kas yra juose.

1. Slėpiningas erdvių atskyrimas

2. Fizinė ir dvasinė erdvės

3. Žmonės su dvasia, siela ir kūnu

Prieš amžių pradžią Dievas buvo vienas visatoje. Ji buvo Šviesa ir valdė viską begalinėje visatos erdvėje. Jono pirmame laiške 1, 5 parašyta, kad Dievas yra Šviesa. Tai reiškia ne tik dvasinę šviesą, bet ir Dievą, kuris buvo Šviesa pradžioje.

Niekas nepagimdė Dievo. Jis savaime yra tobula būtybė. Todėl turime nesistengti perprasti Jo savo ribotais gebėjimais ir protu. Evangelija pagal Joną 1, 1 atskleidžia pradžios paslaptį. Ji sako: „Pradžioje buvo Žodis." Dievas turėjo Žodžio pavidalą slėpiningoje ir neapsakomai nuostabioje šviesoje, Jis valdė visas visatos erdves.

Pradžia čia reiškia būtį prieš amžinybę, kurios žmonės negali įsivaizduoti. Tai pradžia prieš Pradžios knygos 1, 1 pradžią, kuri yra sukūrimo pradžia. Tai kas vyko prieš pasaulio sukūrimą?

1. Slėpiningas erdvių atskyrimas

Dvasinė karalystė yra netoli. Skirtingose regimo dangaus dalyse yra vartai į dvasinę karalystę.

Praėjus labai ilgam laikui, Dievas panoro su kuo nors pasidalinti savo meile ir visais kitais dalykais. Dievas yra dieviškas ir žmogiškas, todėl Jis panoro su kuo nors pasidalinti viskuo, užuot džiaugęsis vienas. Puoselėdamas šią mintį Jis sukūrė žmonių ugdymo planą. Tai planas sukurti žmones, palaiminti jų dauginimąsi, išsiugdyti gausybę sielų, panašių į Dievą ir atvesti jas į dangaus karalystę, kaip ūkininkai augina javus, nuima derlių ir sukrauna į klėtis.

Dievas žinojo, kad reikės dvasinės erdvės, kurioje Jis gyvens, ir fizinės erdvės, kurioje žmonės bus ugdomi. Jis padalino begalinę visatą į dvasinę ir fizinę karalystes. Nuo tos akimirkos Dievas yra Trejybė: Dievas Tėvas, Dievas Sūnus ir Dievas Šventoji Dvasia, nes žmonių ugdymui reikėjo Gelbėtojo Jėzaus ir Globėjo – Šventosios Dvasios.

Apreiškime Jonui 22, 13 pasakyta: „Aš esu Alfa ir Omega, Pirmasis ir Paskutinysis, Pradžia ir Pabaiga." Tai Dievo Trejybės aprašymas. „Alfa ir Omega" čia vadinamas Dievas Tėvas, kuris yra viso žmonijos žinių ir civilizacijos pradžia ir pabaiga. „Pirmasis ir Paskutinysis" – tai Dievas Sūnus, Jėzus, pirmasis ir paskutinysis žmonijos Gelbėtojas. „Pradžia ir Pabaiga" – Šventoji Dvasia, pradedanti ir pabaigianti žmogaus ugdymą.

Sūnus Jėzus atlieka Gelbėtojo pareigą. Šventoji Dvasia liudija

Gelbėtoją ir būdama Globėju užbaigia žmogaus išganymą. Biblija įvairiai aprašo Šventąją Dvasią, lygindama Ją su balandžiu arba ugnimi ir vadina Dievo Sūnaus Dvasia. Laiškas galatams 4, 6 sako: „Taigi jūs esate įsūniai; Dievas atsiuntė į mūsų širdis savo Sūnaus Dvasią, kuri šaukia: ,Aba, Tėve!'" Evangelijoje pagal Joną 15, 26 parašyta: „Kai ateis Globėjas, kurį jums atsiųsiu nuo Tėvo, Tiesos Dvasia, kuri eina iš Tėvo, jis toliau liudys apie mane."

Dievas Tėvas, Sūnus ir Šventoji Dvasia priėmė specialų pavidalą žmonijos ugdymui ir kartu aptarė visus planus. Tai aprašyta pasaulio sukūrimo istorijoje, aprašytoje pirmame Pradžios knygos skyriuje.

Pradžios knygoje 1, 26 parašyta: „Tuomet Dievas tarė: ,Padarykime žmogų pagal mūsų paveikslą ir panašumą.'" Tai nereiškia, kad žmonės sukurti tik pagal išorinį Dievo Tėvo, Sūnaus ir Šventosios Dvasios paveikslą. Žmogaus esmė yra dvasia, kurią duoda Dievas, ir ši dvasia yra panaši į šventą Dievą.

Fizinė ir dvasinė karalystės

Kai Dievas buvo vienas, Jam nereikėjo atskirti dvasinės karalystės nuo fizinės. Tačiau žmonijos ugdymui reikėjo fizinės karalystės žmonių gyvenimui, todėl Dievas atskyrė fizinę karalystę nuo dvasinės.

Tačiau fizinės ir dvasinės karalysčių atskyrimas nereiškia, kad jos yra dvi visiškai atskiros dalys, kaip daiktas, perpjautas į dvi dalis. Pavyzdžiui, kambaryje yra dviejų rūšių dujų. Vienos iš jų nudažytos raudonai, kad skirtųsi nuo kitų. Nors dviejų rūšių dujos yra kambaryje, mes matysime tik raudonas. Nors kitos dujos nematomos, jų tikrai yra tame kambaryje.

Panašiai ir Dievas padalino begalinę dvasinę erdvę į regimą fizinę ir nematomą dvasinę karalystes. Žinoma, fizinė ir dvasinė karalystės nėra kaip dviejų rūšių dujos pavyzdyje. Jos atrodo atskiros, bet dalinai sutampa, ir nors atrodo, kad jos dalinai sutampa, jos tuo pat metu yra atskiros.

Įrodymui, kad fizinė ir dvasinė karalystės yra atskirai ir slėpiningai, Dievas pastatė vartus į dvasinę karalystę įvairiose visatos vietose. Dvasinė karalystė nėra kažkur labai toli. Daugybėje regimo dangaus vietų yra vartai į dvasinę karalystę. Jeigu Dievas atvertų mūsų dvasines akis, mes matytume dvasinę karalystę pro tuos vartus.

Kai Steponas buvo kupinas Šventosios Dvasios ir matė Jėzų, stovintį Dievo dešinėje, jo dvasinės akys ir vartai į dvasinę karalystę buvo atverti (Apaštalų darbai 7, 55-56).

Elijas buvo gyvas paimtas į Dangų. Prisikėlęs Viešpats Jėzus pakilo į Dangų. Mozė ir Elijas atsirado ant atsimainymo klano.

Mes suprantame, kad tai tikrai įvyko, jeigu pripažįstame faktą, kad yra vartai į dvasinę karalystę.

Visata yra be galo didelė, neaprėpiama. Erdvė, matoma ir Žemės (stebimoji visata) yra sfera, kurios spindulys siekia maždaug 46 milijardus šviesmečių. Jeigu dvasinė karalystė yra už fizinės visatos pabaigos, net greičiausias erdvėlaivis turėtų skristi visą amžinybę, kad pasiektų dvasinę karalystę. Ar įsivaizduojate, kokį angelai turėtų įveikti atstumą tarp dvasinio ir fizinio pasaulių? Tačiau vartai į dvasinę karalystę leidžia keliauti tarp dvasinio ir fizinio pasaulio taip lengvai tarsi įeitum ir išeitum pro duris.

Dievas paruošė keturis dangus

Padalinę visatą į dvasinę ir fizinę karalystes, Jis padalino dangų į kelis dangus. Biblija sako kad yra ne vienas, bet keli dangūs, ne tik tas, kurį matome. Visi kiti dangūs žmogaus akims yra nematomi

Pakartoto Įstatymo knyga 10, 14 sako: „Žiūrėk! VIEŠPAČIUI, tavo Dievui, priklauso dangus bei dangaus aukštybės, žemė ir visa, kas joje". Psalmyne 68, 34 taip pat parašyta apie Dievą: „Kuris joja dangaus skliautu, sukurtu pasaulio pradžioje. Štai griaudžia jo balsas galingas balsas."

Karalius Saliamonas Karalių pirmoje knygoje 8, 27 sako: „Bet ar iš tikrųjų Dievas gyvens žemėje? Net dangus ir dangaus aukštybės negali tavęs sutalpinti. Kaip galėtų tai padaryti šie Namai, kuriuos aš pastačiau!!"

Dievas panaudojo žodį „dangus", kalbėdamas apie dvasinę karalystę, kad mes lengviau suprastume erdves, priklausančias dvasinei karalystei. Dangus suskirstytas į keturias karalystes. Visa fizinė erdvė, įskaitant Žemės planetą, Saulės sistemą, mūsų galaktiką ir visą visatą, yra vadinamasis pirmasis dangus.

Antrasis ir aukštesni dangūs yra dvasinės erdvės. Edeno sodas ir piktųjų dvasių erdvė yra antrajame danguje. Dievas, sukūręs žmones, sukūrė ir Edeno sodą, šviesos erdvę antrajame danguje. Dievas atvedė žmogų į Edeno sodą, kad juo rūpintųsi leido jam valdyti visus savo kūrinius (Pradžios knyga 2, 15).

Dievo sostas stovi trečiajame danguje. Tai dangaus karalystė, kurioje gyvens Dievo vaikai, pasiekę išganymą per žmogaus širdies ugdymą.

Ketvirtasis dangus yra pirminis dangus, kuriame Dievas buvo vienas, būdamas Šviesa, prieš padalindamas erdvę. Tai slėpininga erdvė, kurioje viskas išsipildo, ką Dievas sugalvoja. Tai erdvė be jokių erdvės ir laiko ribų.

2. Fizinė ir dvasinė erdvės

Kodėl niekas nerado Edeno sodo, nors daug Biblijos tyrinėtojų atkakliai jo ieškojo? Todėl, kad Edeno sodas yra antrajame danguje, kuris yra dvasinė karalystė.

Dievas atskyrė fizinę erdvę nuo dvasinės. Savo vaikams, kurie išsiugdys mylinčias širdis, Dievas paruošė karalystę trečiajame danguje ir patalpino Žemę, kuri skirta žmonijos ugdymui, pirmajame danguje.

Pradžios knygos pirmas skyrius trumpai aprašo procesą, kurio metu Dievas sukūrė pasaulį. Dievas iš karto nepadarė Žemės tobulos ir idealios. Jis iš pradžių padėjo Žemės pamatus ir suformavo jos paviršių per Žemės plutos judėjimą, paskui jis sukūrė dangų ir meteorologinius reiškinius. Dievas įdėjo labai daug pastangų per ilgą laikotarpį, kartais asmeniškai nusileisdamas į Žemę, pažiūrėti, kaip viskas vyksta, nes iš žemės Jis ruošėsi sukurti savo mylimus, ištikimus vaikus.

Embrionai saugiai auga vaisiaus vandenyse gimdoje. Panašiai ir po to, kai buvo sukurti Žemės pagrindai, visas pasaulis buvo užlietas vandeniu, tai buvo gyvybės vanduo iš trečiojo dangaus. Pagaliau žemė buvo paruošta tapti viso, kas gyva, šaltiniu, nes buvo užlieta gyvybės vandeniu. Paskui Dievas pradėjo kūrimą.

Fizinė erdvė, žemė žmonijos ugdymui

Kai Dievas tarė: „Tebūnie šviesa" pirmąją kūrimo dieną, dvasinė šviesa, sklindanti iš Dievo sosto, užliejo Žemę. Šia šviesa Dievo amžinoji galybė ir dievystė buvo įdėtos į visus jo kūrinius, valdomus gamtos dėsnių (Laiškas romiečiams 1, 20).

Dievas atskyrė šviesą nuo tamsos ir pavadino šviesą diena, o tamsą – naktimi. Dievas sukūrė dieną ir naktį bei laiko tėkmę, prieš sukurdamas saulę ir mėnulį.

Antrąją dieną Dievas sukūrė skliautą ir atskyrė vandenis, buvusius po skliautu, nuo vandenų, buvusių viršum skliauto. Dievas pavadino šį skliautą dangumi, tai dangus, matomas mūsų akimis. Taip buvo sukurta aplinka, tinkanti gyvoms būtybėms. Oras buvo sukurtas gyvų būtybių kvėpavimui; debesys ir dangus – tam, kad vyktų meteorologiniai reiškiniai.

Vandenys po skliautu yra vanduo Žemės paviršiuje. Dievas sutelkė vandenis į jūras, ežerus ir upes (Pradžios knyga 1, 9-10).
Vandenys virš skliauto yra Edene, antrame danguje. Trečiąją dieną Dievas surinko vandenis į jūrą, kad pasirodytų sausuma, ir sukūrė visą augmeniją.

Ketvirtąją dieną Dievas sukūrė saulę, mėnulį ir žvaigždes,

kad jie valdytų dieną ir naktį. Penktąją dieną Jis sukūrė žuvis ir paukščius. Pagaliau šeštąją dieną Dievas sukūrė visus laukinius gyvulius ir žmones.

Nematoma dvasinė erdvė

Edeno sodas yra dvasinėje karalystėje antrame danguje, kuri skiriasi nuo dvasinės karalystės trečiame danguje. Antro dangaus karalystė ne visiškai dvasiška, nes joje yra ir fizinis matmuo. Trumpai klabant, ji panaši į tarpinę stadiją tarp kūno ir dvasios. Kai Dievas sukūrė žmogų ir davė jam gyvą dvasią, Jis užveisė Edeno sodą rytuose ir įkurdino žmogų jame (Pradžios knyga 2, 8).

Rytai čia reiškia ne geografinę vietovę bet „ypatingą vietą, apsuptą šviesa". Daug Biblijos tyrinėtojų iki šiol galvoja, kad Edeno sodas buvo kažkur tarp Eufrato ir Tigro upių, jie atliko gausybę nuodugnių tyrimų ir archeologinių ekspedicijų, bet nerado jokių sodo pėdsakų. Jiems nepavyko todėl, kad sodas, kuriame kadaise gyveno gyvos dvasios Adomas, yra antrame danguje, dvasinėje karalystėje.

Edeno sodo platybės pranoksta mūsų vaizduotę. Vaikai, kuriuos Adomas pradėjo prieš nusidėdamas, vis dar gyvena jame, ir nuolat gimdo daugiau vaikų. Edeno sodo erdvė neturi ribų, ir jame niekada nebus ankšta, kad kiek laiko praeitų.

Tačiau Pradžios knygoje 3, 24 parašyta, kad Dievas pastatė į rytus nuo Edeno sodo kerubus ir liepsnojantį kalaviją kelio prie gyvybės medžio saugoti.

Taip yra todėl, kad Edeno sodas rytuose ribojasi su tamsos sritimi. Piktosios dvasios visada norėjo patekti į sodą dėl kelių priežasčių. Pirma, jos norėjo sugundyti Adomą ir, antra, jos norėjo gauti gyvybės medžio vaisių. Jos norėjo įgyti amžinąjį gyvenimą, suvalgę tų vaisių, kad amžinai kariautų su Dievu. Adomui buvo patikėta pareiga saugoti Edeno sodą nuo tamsos jėgų, bet šėtonas apgavo Adomą, priversdamas paragauti gero ir pikto pažinimo medžio vaisiaus. Adomas buvo išvartytas į šią žemę, o kerubai ir liepsnojantis kalavijas perėmė jo pareigas.

Šviesos sritis, kurioje įkurtas Edeno sodas, ir piktųjų dvasių zona yra antrame danguje. Be to, antro dangaus šviesos srityje tikintieji septynerius metus džiaugsis vestuvių su Viešpačių puotoje po Jo antrojo atėjimo. Vestuvių pokylio vieta daug gražesnė už Edeno sodą. Visi išganytieji per visą pasaulio istoriją dalyvaus joje, sunku net įsivaizduoti tokio masto puotą.

Trečias ir ketvirtas dangūs taip pat yra dvasinėje karalystėje, parašysiu daugiau apie juos „Dvasios, sielos ir kūno" antrame tome. Dievas atskyrė fizinę erdvę nuo dvasinės ir suskirstė pastarąją į kelias skirtingas dėl mūsų, žmonių. Jis numatė žmonijos ugdymą, kad įgytų ištikimų vaikų. Tai iš ko ir kaip sukurtas žmogus?

3. Žmonės su siela, dvasia ir kūnu

Biblijoje užrašyta žmonijos istorija prasidėjo nuo nusidėjusio Adomo išvarymo į šią žemę ir neįtraukia jo gyvenimo Edeno sode laikotarpio.

1) Adomas, gyva dvasia

Suprasdami pirmąjį žmogų Adomą, mes pradedame suprasti žmogaus esmę. Dievas sukūrė Adomą gyva dvasia ugdymui. Pradžios knyga 2, 7 aprašo Adomo sukūrimą: „Tuomet VIEŠPATS Dievas padarė žmogų iš žemės dulkių ir įkvėpė jam į šnerves gyvybės alsavimą. Taip žmogus tapo gyva būtybe."

Medžiaga, kurią Dievas panaudojo Adomo sukūrimui, buvo žemės dulkės, nes Jis žinojo, kad ugdys žmoniją šioje žemėje (Pradžios 3, 23).

Taip pat todėl, kad dirvos, kuri yra žemės dulkės, savybės keičiasi priklausomai nuo ją įterpiamų elementų.

Dievas iš žemės dulkių sukūrė ne tik žmogaus kūno formą,

bet ir jo vidaus organus, kaulus, kraujagysles ir nervus. Geras puodžius nužiedžia brangų porceliano indą iš saujos gero molio. Dievas sukūrė žmogų pagal savo paveikslą, koks nuostabus turėjo būti pirmas žmogus!

Adomas buvo sukurtas su skaisčia pieno baltumo oda. Jis buvo tvirtai sudėtas, ir jo kūnas buvo tobulas nuo galvos iki kojų, kaip ir visi jo organai ir kiekviena ląstelė. Jis buvo nuostabus. Kai Dievas įkvėpė Adomui gyvybės alsavimą, jis tapo gyva būtybe, kuri yra gyva dvasia. Šis procesas panašus į elektros lemputės gamybą. Ji šviečia tik gavusi elektros srovę. Adomo širdis ėmė plakti, kraujas pradėjo tekėti gyslomis, visi jo organai ir ląstelės atgijo, gavę gyvybės alsavimą iš Dievo. Jo smegenys pradėjo dirbti, akys matyti, ausys girdėti, ir kūnas judėti pagal jo norus tik po gyvybės alsavimo įkvėpimo.

Gyvybės alsavimas yra Dievo galios esmė. Jis dar gali būti vadinamas Dievo energija. Iš esmės jis yra gyvybės palaikymo šaltinis. Kai Dievas įkvėpė į jį gyvybės alsavimą, Adomas gavo dvasią, visai tokios pat formos kaip jo kūnas. Adomo dvasia buvo lygiai tokio pat pavidalo kaip jo fizinis kūnas. Daugiau informacijos apie dvasios formą rasite antrame šios knygos tome.

Adomo kūnas, kuris buvo gyva dvasia, turėjo negendančią mėsą ir kaulus. Kūnas turėjo dvasią, bendraujančią su Dievu, ir sielą, padedančią dvasiai. Siela ir kūnas pakluso dvasiai, ir taip žmogus laikėsi Dievo žodžio ir bendravo su Dievu, kuris yra dvasia.

Adomas buvo sukurtas su suaugusio žmogaus kūnu, bet neturėjo jokio pažinimo. Kaip kūdikis išsiugdo individualias savybes ir tampa produktyvia visuomenės dalimi tik mokydamasis, taip ir Adomui reikėjo įgyti žinių. Atvedęs jį į Edeno sodą Dievas mokė Adomą tiesos ir dvasios pažinimo. Dievas mokė visatos harmonijos, dvasinės karalystės dėsnių, Tiesos žodžio ir beribio Dievo pažinimo. Todėl Adomas galėjo viešpatauti žemėje ir valdyti visus kitus sutvėrimus.

Gyvenimas neišmatuojamą laiko tarpą

Adomas, gyva dvasia, valdė Edeno sodą ir Žemę, būdamas visų sutvėrimų viešpats, turėdamas dvasinį pažinimą. Dievas pagalvojo, kad Adomui negerai gyventi vienam, ir sukūrė moterį Ievą iš jo šonkaulio. Dievas sukūrė ją būti Adomui tinkama padėjėja ir leido jiems tapti vienu kūnu. Įdomu, kiek laiko jie gyveno Edeno sode?

Biblija nenurodo konkretaus laikotarpio, bet jie gyveno ten neįsivaizduojamą laiko tarpą. Tačiau Pradžios knygoje 3, 16 parašyta: O moteriai jis [Dievas] tarė: „Aš padauginsiu tavo skausmus per nėštumą; skausme gimdysi vaikus, bet aistringai geisi savo vyro, o jis valdys tave".

Ievos padarytos nuodėmės pasekmė buvo prakeikimas, įtraukiantis didžiulius gimdymo skausmus. Kitaip tariant, prieš prakeikimą ji gimdė vaikus Edeno sode, bet gimdymo skausmai buvo nedideli. Adomas ir Ieva buvo gyvos dvasios, jie neseno. Jie labai ilgai gyveno ir dauginosi Edeno sode.

Daug žmonių galvoja, kad Adomas valgė nuo gero ir pikto pažinimo medžio netrukus po jo sukūrimo. Kai kurie net klausia: „Jeigu Biblijoje aprašyta žmonijos istorija siekia tik apie 6000 metų, kodėl mes randame šimtų tūkstančių metų senumo suakmenėjusių gyvūnų liekanų?"

Biblijoje užrašyta žmonijos istorija prasidėjo nuo Adomo išvarymo į šią žemę po to, kai jis nusidėjo. Ji neįtraukia laiko, kurį jis gyveno Edeno sode. Kol Adomas gyveno Edeno sode, Žemėje vyko daugybė reiškinių, pavyzdžiui, žemės plutos judėjimas ir su juo susiję geografiniai pokyčiai bei įvairų augalų ir gyvūnų augimas ir išnykimas. Kai kurie iš jų suakmenėjo. Todėl mes randame fosilijų, manoma, net milijonų metų senumo.

2) Adomo nuodėmė

Kai Dievas apgyvendino Adomą Edeno sode, Jis uždraudė

vieną dalyką. Jis liepė Adomui nevalgyti nuo gero ir pikto pažinimo medžio. Tačiau ilgam laikui praėjus, Adomas ir Ieva galiausiai paragavo uždrausto vaisiaus. Jie buvo išvaryti iš Edeno sodo į Žemę, ir nuo tos akimirkos prasidėjo žmonijos ugdymas.

Kaip Adomas nusidėjo? Viena būtybė siekė didžiulės valdžios, kurią Adomas gavo iš Dievo. Tai buvo Liuciferis, visų piktųjų dvasių vadas. Liuciferis siekė perimti didžiulę valdžią iš Adomo ir tikėjosi laimėti karą prieš Dievą. Jis sugalvojo gudrų planą ir panaudojo žaltį, kuris buvo sumanus.

Pradžios knygoje 3, 1 parašyta: „O žaltys buvo sumanesnis už visus kitus laukinius gyvūnus, kuriuos VIEŠPATS Dievas buvo padaręs," žaltys buvo padarytas iš molio, tinkančio sumanumui.

Todėl buvo didelė tikimybė, kad jis priims piktą gudrumą. Sukurstytas piktųjų dvasių žaltys tapo jų įrankiu žmogaus gundymui.

Piktosios dvasios visada gundo žmones

Adomas tuo metu turėjo didžiulę valdžią, jis valdė Edeno sodą bei Žemę, ir žalčiui buvo sunku tiesiogiai gundyti Adomą. Todėl jis pasirinko Ievą ir klastingai paklausė jos: „Ar tikrai Dievas sakė: 'Nevalgykite nuo jokio medžio sode!'?" (Pradžios knyga 3, 1) Dievas nieko neįsakė Ievai. Įsakymas buvo duotas

Adomui, bet žaltys klausė taip, lyg Dievas būtų tiesiogiai įsakęs Ievai. Štai ką atsakė Ieva: „Moteris atsakė žalčiui: „Sodo medžių vaisius mes galime valgyti. Tik apie vaisių to medžio, kuris sodo viduryje, Dievas sakė: 'Nuo jo nevalgysite nei jį liesite, kad nemirtumėte!'" (Pradžios knyga 3, 2-3).

Dievas sakė: „...nes kai tik nuo jo paragausi, turėsi mirti" (Pradžios knyga 2, 17). Tačiau Ieva pasakė: „kad nemirtumėte." Galite pamanyti, kad tai labai nedidelis skirtumas, bet tai įrodo, kad ji neteisingai prisiminė Dievo žodį. Taip pat tai rodo, kad ji ne visa širdimi tikėjo Dievo žodžiu. kai žaltys suprato, kad Ieva iškraipė Dievo žodį, jis pradėjo agresyviau gundyti moterį.

Pradžios knyga 3, 4-5 sako: „Bet žaltys tarė moteriai: ,Jūs tikrai nemirsite! Ne! Dievas gerai žino, kad atsivers jums akys, kai tik jo užvalgysite, ir būsite kaip Dievas, žinantis, kas gera ir kas pikta.'"

Kai šėtonas sukurstė žaltį sukelti Ievai troškimą, gero ir pikto pažinimo medis jai atrodė kitoks, nes parašyta: „„...moteris pamatė, kad tas medis geras maistui, kad jis žavus akims ir kad tas medis žada duoti išminties" (Pradžios knyga 3, 6).

Ieva visai neketino nepaklusti Dievo žodžiui, bet kai įsileido troškimą, galiausiai paragavo uždrausto vaisiaus. Ji davė jį savo vyrui Adomui, ir jis taip pat valgė.

Adomo ir Ievos pasiteisinimai

Pradžios knygoje 3, 11 Dievas paklausė Adomo „Gal valgei vaisių nuo medžio, kurio vaisių buvau tau įsakęs nevalgyti?"

Dievas viską žinojo, bet norėjo, kad Adomas pripažintų savo kaltę ir atgailautų. Tačiau Adomas atsakė: „Moteris, kurią man davei būti su manimi, davė man vaisių nuo to medžio, aš ir valgiau." (Pradžios knyga 3, 12) Adomas užsiminė, kad jeigu Dievas nebūtų davęs jam moters, jis nebūtų taip pasielgęs. Užuot pripažinęs savo blogą darbą, jis norėjo išvengti jo pasekmių. Žinoma, Ieva davė Adomui valgyti uždraustą vaisių, bet Adomas buvo moters galva ir turėjo prisiimti atsakomybę už tai, kas įvyko.

Tada Dievas paklausė moters Pradžios knygoje 3:13: „Kodėl taip padarei?" Net jeigu Adomas būtų prisiėmęs atsakomybę, Ieva nebūtų buvusi atleista nuo atsakomybės už padarytą nuodėmę. Tačiau ji vertė kaltę žalčiui, sakydama: „Žaltys mane apgavo, aš ir valgiau." Kas atsitiko Adomui ir Ievai, kai jie nusidėjo?

Adomo dvasia numirė

Pradžios knyga 2:17 sako: „Bet nuo gero bei pikto pažinimo medžio tau neleista valgyti, nes kai tik nuo jo paragausi, turėsi mirti."

Dievas čia kalbėjo ne apie fizinę, bet dvasinę mirtį. Kai dvasia numiršta, tai nereiškia, kad jis visiškai išnyksta. Tai reiškia, kad nutrūksta ryšys su Dievu, ir dvasia nebefunkcionuoja. Dvasia vis dar yra, bet ji nebegali priimti dvasinių dalykų iš Dievo. Tokia būsena yra ne kas kita, tik mirtis.

Adomo ir Ievos dvasioms numirus, Dievas negalėjo palikti jų Edeno sode, kuris buvo dvasinėje karalystėje. Pradžios knyga 3:22-23 sako: „Tuomet VIEŠPATS Dievas tarė: ,Tik pažiūrėk! Žmogus tapo kaip vienas iš mūsų, žinantis gera ir pikta. Kad tik jis kartais neištiestų rankos, nepasiimtų ir nuo gyvybės medžio, nevalgytų ir negyventų amžinai!' Todėl VIEŠPATS Dievas išsiuntė jį iš Edeno sodo dirbti žemės, iš kurios buvo paimtas."

Dievas pasakė: „Žmogus tapo kaip vienas iš mūsų", bet tai nereiškia, kad Adomas tikrai pasidarė kaip Dievas. Tai reiškia, kad anksčiau Adomas žinojo tik apie tiesą, bet kaip Dievas žino tiesą ir netiesą, Adomas taip pat sužinojo apie netiesą ir susidūrė su pasekmėmis. Adomas, kuris buvo gyva dvasia, dabar sugrįžo į kūną. Jis turėjo mirti. Jis turėjo grįžti į šią žemę, kurioje Dievas jį sukūrė. Kūniškas žmogus negali gyventi dvasinėje erdvėje. Be to, jei Adomas būtų valgęs gyvybės medžio vaisių, jis būtų gyvenęs amžinai. Todėl Dievas nebegalėjo leisti jam pasilikti Edeno sode.

3) Sugrįžimas į fizinę erdvę

Kai Adomas nepakluso Dievui ir valgė nuo gero ir pikto pažinimo medžio, viskas pasikeitė. Jis buvo išvarytas į žemę, fizinę erdvę, kur turėjo sunkiai dirbdamas ir liedamas prakaitą maitintis iš žemės. Viskas buvo prakeikta, ir nebeliko geros aplinkos, kuri buvo, Dievui sukūrus pasaulį.

Pradžios knygoje 3:17 parašyta: „O žmogui jis [Dievas] tarė: „Kadangi tu paklausei savo žmonos balso ir valgei nuo medžio, apie kurį buvau tau įsakęs: 'Nuo jo nevalgysi!' tebūna už tai prakeikta žemė; triūsu maitinsies iš jos visas savo gyvenimo dienas."

Adomo nuodėmė užtraukė prakeikimą ne tik jam, bet ir viskam šioje žemėje, prakeikimas krito ant viso pirmo dangaus. Žemėje vyravo nuostabi harmonija, bet dabar buvo sukurtas kitoks gamtos dėsnis. Po prakeikimo atsirado kenksmingų mikrobų ir virusų, gyvūnai ir augalai taip pat pradėjo keistis.

Pradžios knygoje 3:18 Dievas toliau sakė Adomui: „Erškėčius ir usnis ji tau želdins." Javų auginimą apsunkino erškėčiai ir usnys, todėl Adomas galėjo prasimaitinti iš žemės tik sunkiai triūsdamas. Prakeikus žemę, ėmė augti nereikalingi medžiai ir kiti augalai. Atsirado kenksmingi vabzdžiai. Adomas turėjo kovoti su kenkėjais, kad įdirbtų žemę ir turėtų derlingą dirvą.

Širdies ugdymo būtinybė

Adomas turėjo dirbti žemę, žmogaus ugdymas šiame pasaulyje panašus į žemdirbystę. Prieš nusidėdamas žmogus turėjo tyrą ir nekaltą širdį, kupiną dvasinio pažinimo. Pradžios knygoje 3, 23 parašyta: „Todėl VIEŠPATS Dievas išsiuntė jį iš Edeno sodo dirbti žemės, iš kurios buvo paimtas." Šioje eilutėj Adomas prilyginamas žemei, iš kurios buvo paimtas. Tai reiškia, kad nuo to laiko jis turėjo ugdyti savo širdį.

Iki nuopuolio jis neturėjo ugdyti savo širdies, nes joje nebuvo nieko pikto.

Tačiau po jo nepaklusimo priešas velnias ir šėtonas pradėjo kontroliuoti žmogų. Jis pasėjo žmogaus širdyje vis daugiau kūniškų dalykų: neapykantą, pyktį, puikybę, svetimavimą ir taip toliau. Jie kaip erškėčiai ir usnys ėmė augti žmogaus širdyje. Žmonija darėsi vis labiau kūniška.

Dirbti žemę, iš kurios buvome paimti, reiškia priimti Jėzų Kristų, per Dievo žodį atsikratyti kūniškumo savo širdyje ir atgauti dvasinę būseną. Priešingu atveju mes turime „mirusią dvasią" ir negalime turėti amžino gyvenimo. Žmonės ugdomi šioje žemėje tam, kad atgaivintų tyrą, dvasinę širdį, kokią Adomas turėjo iki savo nuopuolio.

Išvaryto iš Edeno sodo ir turinčio gyventi šioje žemėje Adomo gyvenimas dramatiškai pasikeitė. Jo skausmas ir sumaištis buvo didesni, negu didžiulės tautos princo, netikėtai tapusio valstiečiu. Dabar Ieva turėjo kentėti daug didesnius gimdymo skausmus.

Kai jie gyveno Edeno sode, mirties nebuvo. Tačiau dabar jų laukė mirtis, gyvenant šiame fiziniame pasaulyje, kuris pražus ir sunyks. Pradžios knyga 3, 19 sako: „Savo veido prakaitu valgysi duoną, kol sugrįši žemėn, nes iš jos buvai paimtas. Juk dulkė esi ir į dulkę sugrįši!" Kaip parašyta, dabar jie turėjo mirti.

Žinoma, Adomo dvasia buvo Dievo duota, jie niekada negali visiškai pranykti. Pradžios knygoje 2, 7 parašyta: „Tuomet VIEŠPATS Dievas padarė žmogų iš žemės dulkių ir įkvėpė jam į šnerves gyvybės alsavimą. Taip žmogus tapo gyva būtybe." Gyvybės alsavimas turi amžiną Dievo prigimtį.

Tačiau Adomo dvasia jau nebuvo aktyvi. Siela perėmė žmogaus šeimininko vaidmenį ir užvaldė kūną. Nuo to laiko Adomas ėmė senti ir galiausiai numirė pagal fizinio pasaulio dėsnius. Jis turėjo sugrįžti į žemę.

Tuo metu, nors Žemė buvo prakeikta, nuodėmės ir blogis buvo ne taip paplitę kaip šiandien, ir Adomas sulaukė 930 metų amžiaus (Pradžios knyga 5, 5).

Tačiau žmonės darėsi vis piktesni, laikui bėgant, todėl ir jų gyvenimo trukmė trumpėjo. Atėję į šią žemę iš Edeno sodo Adomas ir Ieva turėjo prisitaikyti prie naujos aplinkos. Visų pirma jie turėjo gyventi kaip kūniški žmonės, ne kaip gyvos dvasios. Jie pavargdavo dirbdami ir turėjo ilsėtis. Jie ėmė sirgti įvairiomis ligomis. Jų virškinimo sistema pasikeitė, nes šioje žemėje maistas buvo kitoks. Pavalgę jie turėdavo tuštintis. Viskas pasikeitė. Adomo nepaklusnumas tikrai nebuvo smulkmena. Tai nebuvo nereikšmingas dalykas. Jo nuodėmė persidavė visai žmonijai. Adomas su Ieva ir visi jų palikuonys šioje žemėje pradėjo fizinį gyvenimą, turėdami mirusią dvasią.

3 skyrius
Žmonės fizinėje erdvėje

Kūnas yra nuodėmės pažeista prigimtis,
todėl žmonės linkę daryti nuodėmes fizinėje erdvėje.
Tačiau žmonių širdies gelmėse
yra Dievo duota gyvybės sėkla,
kuri padaro įmanomą žmogaus ugdymą.

1. Gyvybės sėkla

2. Kaip žmogus atsiranda

3. Sąžinė

4. Kūno darbai

5. Ugdymas

Adomas ir Ieva susilaukė daug vaikų šioje žemėje. Nors jų dvasia buvo mirusi, Dievas jų neapleido. Jis mokė juos būtinų gyvenimui šioje žemėje dalykų. Adomas mokė savo vaikus tiesos, todėl Kainas ir Abelis gerai žinojo, kad turi atnašauti aukas Dievui.

Vieną kartą Kainas atnešė Dievui žemės vaisių auką, bet Abelis atnašavo kruvinąją auką, kurios Dievas norėjo. Kai Dievas priėmė tik Abelio auką, Kainas, užuot supratęs savo klaidą ir atgailavęs, užsidegė pavydu Abeliui ir nužudė jį.

Laikui bėgant, nuodėmė vis labiau plito pasaulyje, kol Nojaus laikais, žmonės pavertė žemę tokio baisaus smurto vieta, kad Dievas nubaudė pasaulį visuotiniu tvanu, bet leido Nojui ir trims jo sūnums pradėti naują žmonijos rasę. Kas atsitiko žmonijai, gyvenant šioje žemėje?

1. Gyvybės sėkla

Adomui nusidėjus, nutrūko jo bendravimas su Dievu. Dvasinė energija paliko jį ir atsiradusi kūniška energija nustelbė gyvybės sėklą jame.

Dievas sukūrė Adomą iš žemės dulkių. Hebrajų kalbos žodis „Adamah" reiškia dirvą arba žemę. Dievas sukūrė žmogaus kūną iš molio ir įkvėpė jam į šnerves gyvybės alsavimą. Pranašas Izaijas sako, kad mes esame molis.

Izaijo knygoje 64, 7 parašyta: „O vis dėlto, VIEŠPATIE, tu mūsų Tėvas. Mes molis, o tu mūsų puodžius; visi mes tavo rankų darbas."

Kai dar neseniai buvau įkūręs šią bažnyčią, Dievas parodė man viziją, kaip Jis lipdo Adomą iš molio. Dievas naudojo su vandeniu sumaišytas žemes, molį. Vanduo reiškia Dievo žodį (Evangelija pagal Joną 4, 14). Kai Dievas įkvėpė gyvybės alsavimą į žemių ir vandens mišinį, kraujas, kuris yra gyvybė, pradėjo tekėti Adomo gyslomis ir jis tapo gyva būtybe (Kunigų knyga 17, 14).

Gyvybės alsavimas turi Dievo galią. Jis atėjo iš Dievo, todėl negali išnykti. Biblija nesako, kad Adomas tapo tik žmogumi. Ji sako, kad jis tapo gyva būtybe. Jis buvo gyva dvasia. Jis galėjo gyventi amžinai, turėdamas gyvybės alsavimą, nors buvo sukurtas iš žemės dulkių. Evangelija pagal Joną 10, 34-35 sako: „Jėzus atsakė: ‚Argi jūsų Įstatyme nėra parašyta: Aš tariau: jūs esate dievai!? Taigi [Įstatymas] vadina dievais tuos, kuriems skirtas Dievo žodis, ir Raštas negali būti panaikintas‘."

Pradžioje sukurtas žmogus galėjo gyventi amžinai ir neregėti mirties. Nors Adomo dvasia numirė dėl jo nepaklusnumo, jos branduolys yra Dievo duota gyvybės sėkla. Ji yra amžina, todėl kiekvienas žmogus gali gimti iš naujo Dievo vaiku.

Gyvybės sėkla duota kiekvienam žmogui

Kai Dievas sukūrė Adomą, Jis įdiegė jame nepragaištančią gyvybės sėklą, kuri yra pagrindinė žmogaus dvasios dalis. Ji yra dvasios branduolys, galios mąstyti apie Dievą ir vykdyti žmogaus pareigą šaltinis.

Šeštame nėštumo mėnesyje Dievas duoda embrionui gyvybės sėklą su žmogaus dvasia. Šioje gyvybės sėkloje glūdi Dievo širdis ir galia, leidžianti žmonėms bendrauti su Dievu. Dauguma nepripažįstančių Dievo buvimo žmonių bijo gyvenimo po mirties, juos kankina pomirtinio gyvenimo nuojauta, priešingu atveju jie tikrai neneigtų Dievo, nes giliai širdyje turi gyvybės sėklą.

Piramidės ir kitos senovės civilizacijų liekanos rodo žmonių supratimą apie amžinąjį gyvenimą ir amžino poilsio vietos viltis. Net drąsiausi žmonės bijo mirties, nes gyvybės sėkla juose jaučia pomirtinį gyvenimą.

Kiekvienas žmogus turi Dievo duotą gyvybės sėklą ir iš prigimties ieško Dievo (Mokytojo knyga 3, 11). Gyvybės sėkla veikia kaip žmogaus širdis, ji atsakinga už žmogaus dvasinį gyvenimą. Cirkuliuodamas kraujas aprūpina kūną deguonimi ir maisto medžiagomis širdies darbo dėka. Panašiai, jeigu gyvybės sėkla atgyja žmoguje, jo dvasia įgauna energijos, ir jis gali bendrauti su Dievu. Priešingu atveju žmogaus dvasia būna negyva, gyvybės sėkla apmirusi, ir jis negali tiesiogiai bendrauti su Dievu.

Gyvybės sėkla yra dvasios branduolys

Adomas buvo pilnas iš Dievo gautos tiesos pažinimo. Gyvybė

sėkla jame veikė visa jėga. Jis buvo pilnas dvasinės energijos ir tapo toks išmintingas, kad davė vardus visiems gyviems sutvėrimams, kuriems jis viešpatavo. Tačiau Adomui nusidėjus, jo bendravimas su Dievu nutrūko. Jo dvasinė energija ėmė sekti ir buvo pakeista Adomo širdyje kūniška energija, kuri nustelbė gyvybės sėklą. Nuo to laiko gyvybės sėkla palaipsniui neteko savo šviesos ir galiausiai visai apmirė.

Kaip širdžiai sustojus, žmogaus gyvenimas baigiasi, taip ir Adomo dvasia numirė, kai gyvybės sėkla tapo neaktyvi. Jo dvasios mirtis reiškia, kad gyvybės sėkla apmirė ir jos veikla visiškai sustojo. Todėl visi šioje fizinėje erdvėje gimsta su visiškai neveiklia gyvybės sėkla.

Žmonės negalėjo išvengti mirties po Adomo nuopuolio. Kad atgautų amžinąjį gyvenimą, jie turi išspręsti nuodėmės problemą, su Dievo, kuris yra Šviesa, pagalba. Jie turi priimti Jėzų Kristų ir gauti nuodėmių atleidimą. Jėzus numirė ant kryžiaus ir prisiėmė visos žmonijos nuodėmes, kad atgaivintų mūsų dvasią. Jis tapo keliu, tiesa ir gyvenimu, per jį visi žmonės gali gauti amžinąjį gyvenimą. Kai mes priimame Jėzų kaip savo Gelbėtoją, mums atleidžiamos mūsų nuodėmės ir mes tampame Dievo vaikais, gaudami Šventąją Dvasią.

Šventoji Dvasia atgaivina gyvybės sėklą mumyse. Tai mūsų mirusios dvasios atgaivinimas. Nuo tos akimirkos gyvybės sėkla, kuri buvo praradusi savo šviesą, vėl ima šviesti. Žinoma, ji negali šviesti visa galia, kaip švietė Adome, bet jos šviesa stiprėja, žmogaus tikėjimui stiprėjant ir jo dvasiai augant bei bręstant.

Kuo daugiau gyvybės sėkla prisipildo Šventąja Dvasia, tuo skaisčiau šviečia, ir dvasinio kūno šviesa vis stiprėja. Kuo labiau žmogus prisipildo tiesos pažinimo, tuo darosi panašesnis į prarastą Dievo paveikslą ir tampa tikru Dievo vaiku.

Fizinė gyvybės sėkla

Be dvasinės gyvybės sėklos, kuri panaši į dvasios branduolį, yra ir fizinės gyvybės sėkla. Tai spermatozoidas ir kiaušialąstė. Dievas sukūrė žmonijos ugdymo planą, kad turėtų ištikimų vaikų, su kuriais dalintųsi tikra meile. Šio plano įgyvendinimui Jis davė žmonėms gyvybės sėklą, kad jie daugintųsi ir pripildytų žemę. Dvasinė erdvė, kurioje Dievas gyvena, yra beribė, ji keltų liūdesio ir tuštumo jausmą, jei nieko nebūtų šalia. Todėl Dievas sukūrė Adomą su gyva dvasia ir leido jam daugintis karta po kartos, kad turėtų daug vaikų.

Dievui reikia vaikų, kurių negyva dvasia yra atgijusi, galinčių bendrauti su Dievu ir amžinai dalintis meile su Juo dangaus karalystėje. Todėl Dievas duoda kiekvienam gyvybės sėklą ir ugdo žmoniją nuo Adomo laikų. Dovydas, supratęs šią meilę ir Dievo planą, pasakė: „Šlovinu tave, nes esu nuostabiai padarytas. Tavo visi darbai nuostabūs, aš tai gerai žinau". (Psalmynas 139, 14).

2. Kaip žmogus atsiranda

Žmogus negali būti klonuotas iš kito žmogaus. Jei net pavyktų sukurti tikslią fizinę žmogaus kopiją, tai būtų ne žmogus, nes jis neturėtų dvasios. Klonuota būtybė nesiskirtų nuo gyvulio.

Nauja gyvybė prasideda, kai vyro spermatozoidas susijungia su moters kiaušialąste. Vaisius išbūna gimdoje devynis mėnesius, kad įgautų žmogaus pavidalą. Mes galime pajusti paslaptingą Dievo galios veikimą, mąstydami apie žmogaus augimo procesą nuo prasidėjimo iki nėštumo pabaigos.

Pirmo mėnesio metu pradeda vystytis nervų sistema. Vyksta svarbūs procesai, leidžiantis formuotis kraujui, kaulams, raumenims, kraujagyslėms ir vidaus organams. Antrame mėnesyje ima plakti širdis, ir vaisius įgauna išorinį panašumą į žmogų. Išryškėja galva ir galūnės. Trečio mėnesio metu formuojasi veidas. Vaisius pats gali judinti galvą, kūną ir galūnes, formuojasi lytiniai organai.

Nuo ketvirto mėnesio placenta būna susiformavusi, todėl padidėja maistingų medžiagų tiekimas, ir vaisiau ūgis bei svoris sparčiai didėja. Visi kūno gyvybę palaikantys organai normaliai veikia. Raumenys ir klausa vystosi nuo penkto mėnesio. Šeštame mėnesyje išsivysto virškinimo organai, ir augimas dar pagreitėja. Septintame mėnesyje ant galvos ima augti plaukai ir išsivysti plaučiai, kad kūdikis galėtų kvėpuoti.

Lytiniai organai ir klausa baigia vystytis aštuntame mėnesyje. Vaisus net ima reaguoti į išorinius garsus. Devintame mėnesyje plaukai sustorėja, ploni kūno plaukeliai išnyksta, galūnės pasidaro putlios. Po devynių mėnesių kūdikis gimsta maždaug 50 cm ūgio ir 3,2 kilogramo svorio.

Embrionas yra gyvybė, priklausanti Dievui

Mokslui vystantis, šiandien žmonės labai domisi gyvūnų klonavimu. Tačiau, kaip minėjau, kad ir kiek mokslas pažengtų, žmonės negali būti klonuoti. Net jei pavyktų klonuoti žmogų, jis neturėtų dvasios. Be dvasios jis nesiskirtų nuo gyvulio.

Kūdikio augimo įsčiose metu, skirtingai nuo kitų gyvūnų, ateina laikas, kai žmogus gauna dvasią. Šeštame nėštumo mėnesyje vaisius turi visus organus, veidą ir galūnes. Jis tampa indu, tinkančiu dvasiai išlaikyti. Tuo metu Dievas duoda žmogui gyvybės sėklą su jo dvasia. Biblija pagrindžia šį faktą, pateikdama šešių mėnesių amžiaus kūdikio reakcijos įsčiose aprašymą.

Evangelijoje pagal Luką 1, 41-44 parašyta: „Vos tik Elzbieta išgirdo Marijos sveikinimą, jos įsčiose šoktelėjo kūdikis, o pati Elzbieta pasidarė kupina Šventosios Dvasios. Ji balsiai sušuko: „Tu labiausiai palaiminta iš visų moterų, ir palaimintas tavo įsčių vaisius! Iš kur man ta garbė, kad mano Viešpaties motina aplanko mane?! Štai vos tik tavo pasveikinimo garsas pasiekė mano ausis, šoktelėjo iš džiaugsmo kūdikis mano įsčiose."

Tai atsitiko, kai Jėzus Kristus buvo tik pradėtas Mergelės Marijos įsčiose, ir ji nuvyko pas savo giminaitę Elzbietą, kuri pradėjo lauktis Jono Krikštytojo šešiais mėnesiais anksčiau. Jonas Krikštytojas motinos įsčiose šoktelėjo iš džiaugsmo, Mergelei Marijai atėjus. Jis atpažino Jėzų Marijos įsčiose ir buvo kupinas Šventosios Dvasios. Embrionas yra ne tik gyvybė, bet ir dvasinė būtybė, kuri gali būti pripildyta Šventosios Dvasios šešto nėštumo mėnesio metu. Žmogus yra gyvybė, priklausanti Dievui nuo prasidėjimo akimirkos. Tik Dievui priklauso valdžia gyvybei. Todėl jokiu būdu negalima daryti aborto, nusprendus, kad mums nereikia arba negalime turėti kūdikio net tada, kai embrionas dar neturi dvasios.

Devynių mėnesių laikotarpis, kai kūdikis auga įsčiose, yra labai svarbus. Kūdikis viską, ko reikia augimui, gauna iš motinos, todėl ji turi teisingai maitintis. Motinos jausmai, mintys ir dvasinis gyvenimas taip pat veikia vaiko charakterio, individualybės ir proto formavimąsi. Kūdikiai, kurių motinos tarnauja Dievo karalystei ir uoliai meldžiasi, paprastai būna gero būdo, auga išmintingi ir sveiki.

Valdžia gyvybei priklauso vieninteliam Dievui, bet Jis nesikiša į žmogaus prasidėjimą, gimimą ir augimą. Įgimtas savybes lemia, gimdytojų spermatozoidų ir kiaušialąsčių gyvybės energija. Kitų charakterio bruožų įgijimas ir ugdymas priklauso nuo aplinkos ir kitų veiksnių.

Specialus Dievo įsikišimas

Kai kuriais atvejais Dievas įsikiša į žmogaus prasidėjimą ir gimimą. Pirma, tai įvyksta, kai gimdytojai patinka Dievui savo tikėjimu ir kaštai meldžiasi. Ona, teisėjų laikais gyvenusi moteris, sielvartavo ir labai kankinosi, būdama nevaisinga. Ji atėjo į Viešpaties šventyklą, karštai meldėsi ir davė įžadą pašvęsti Dievo tarnybai savo sūnų, jeigu Dievas duos jai palikuonį.

Dievas išklausė jos maldą ir palaimino ją sūnaus prasidėjimu. Kaip buvo žadėjusi, vos nujunkiusi ji atvedė savo sūnų Samuelį pas kunigą ir atidavė tarnauti Dievui. Samuelis bendravo su Dievu nuo vaikystės ir vėliau tapo didžiu Izraelio pranašu. Onai tesėjus savo įžadą, Dievas palaimino ją, duodamas dar tris sūnus ir dvi dukteris (Samuelio pirma knyga 2, 21).

Antra, Dievas įsikiša į gyvenimą žmonių, kuriuos išskyrė savo apvaizda. Kad suprastume tai, turime žinoti skirtumą tarp buvimo išrinktu ir buvimo išskirtu. Dievas nustatė konkrečias išrinkimo sąlygas ir nešališkai išrenka visus, kurie įvykdo Jo reikalavimus. Pavyzdžiui, Dievas nustatė išganymo sąlygas ir išgano visus, kurie jas įvykdo. Todėl kas priima išganymą, priimdami Jėzų Kristų ir gyvendami pagal Dievo žodį, vadinami išrinktaisiais.

Kai kas neteisingai mano, kad Dievas jau nusprendė, kas bus išgelbėti ir kas pražus. Jie teigia, kad jeigu vieną kartą priėmei Viešpatį, Dievas kažkaip išgelbės tave, net jei negyvensi pagal Jo žodį. Tačiau tai klaidinga mintis.

Visi laisva valia atėję į tikėjimą ir vykdantys išganymo sąlygas bus išgelbėti. Jie visi yra Dievo išrinktieji. Tačiau nevykdantieji išganymo sąlygų arba kada nors įvykdę, bet paskui ėmę jų nepaisyti, draugauti su pasauliu ir sąmoningai daryti nuodėmes, nebus išgelbėti, jeigu nepaliks savo nuodėmingų kelių.

Tai kas tada išskyrimas? Išskyrimas reiškia, kad Dievas, kuris viską žino ir suplanavo viską prieš amžių pradžią, išsirenka konkretų žmogų ir valdo visus jo gyvenimo kelius. Pavyzdžiui, Abraomas, visų izraelitų tėvas Jokūbas ir izraelitų vedlys iš Egipto vergijos Mozė buvo Dievo išskirti ypatingų Jo apvaizdos numatytų pareigų įvykdymui.

Dievas žino viską. Numatęs žmonių ugdymą Jis žino, kada ir koks žmogus turi gimti žmonijos istorijoje. Savo planų įvykdymui Jis išsirenka konkrečius žmones ir leidžia jiems atlikti didžias pareigas. Išskyręs šiuos žmones Dievas valdo kiekvieną jų gyvenimo akimirką nuo pat gimimo.

Laiške romiečiams 1, 1 apaštalas Paulius sako: „Paulius, Jėzaus Kristaus tarnas, pašauktasis apaštalas, išskirtas [skelbti] Dievo Evangeliją." Apaštalas Paulius buvo išskirtas skelbti evangeliją pagonims. Jis turėjo drąsią ir nesvyruojančią širdį, todėl buvo išskirtas pereiti neapsakomas kančias ir gavo užduotį parašyti daugumą Naujojo Testamento knygų. Kad apaštalas galėtų įvykdyti šią pareigą, Dievas leido jam nuodugniai studijuoti Dievo žodį nuo ankstyvos vaikystės pas geriausią tų laikų Šventojo Rašto žinovą Gamalielį.

Jonas Krikštytojas taip pat buvo Dievo išskirtas. Dievas įsikišo į jo prasidėjimą, ir leido jam nuo mažens gyventi kitokį gyvenimą. Jis gyveno vienas dykumoje, neturėdamas ryšių su pasauliu, nešiojo kupranugario vilnos apdarą, buvo susijuosęs odiniu diržu, mito skėriais ir laukinių bičių medumi. Taip jis paruošė kelią Jėzui.

Tas pats buvo ir su Moze. Dievas veikė jo gyvenime nuo gimimo. Jis buvo išmestas į upę, bet princesė atrado jį, ir Mozė tapo princu. Tačiau jis buvo užaugintas savo tikros motinos, kad sužinotų apie Dievą ir savo tautą. Būdamas Egipto princu

Mozė turėjo geriausią pasaulietinį išsilavinimą. Kaip minėjau, išskyrimas reiškia, kad Dievas savo suverenia valdžia kontroliuoja konkretaus žmogaus gyvenimą, žinodamas, kada ir koks žmogus turi gimti žmonijos istorijoje.

3. Sąžinė

Žmogaus ieškojimai, susitikimas su Dievu Kūrėju, panašėjimas į Dievą ir tapimas vertinga būtybe labai priklauso nuo jo sąžinės.

Gimdytojų spermatozoidai ir kiaušialąstės turi gyvybės energiją, kurią paveldi jų vaikai. Tas pats ir su sąžine. Sąžinė yra gero ir pikto atskyrimo standartai. Jeigu gimdytojai gyvena teisingai ir turi geras širdis, tikėtina, kad jų vaikais gims su gera sąžine. Pagrindinis faktorius, lemiantis žmogaus sąžinę yra iš gimdytojų paveldėta gyvybės energija.

Tačiau net su gera tėvų gyvybės energija gimę vaikai, jeigu auga blogoje aplinkoje, mato ir girdi daug piktų dalykų ir yra mokomi blogo, jų sąžinė greičiausiai bus sutepta. Priešingai, augantieji geroje aplinkoje, matydami ir girdėdami gerus dalykus, greičiausiai turės palyginti gerą sąžinę.

Sąžinės formavimasis

Sąžinės formavimasis priklauso nuo tėvų ir augimo aplinkos, taip pat nuo to, ką žmogus mato, girdi, ko mokosi ir kaip stengiasi daryti gera. Todėl gerų tėvų vaikai, užauginti geroje aplinkoje ir mokantys susivaldyti paprastai siekia gero, paklusdami savo sąžinei. Jiems nesunku priimti evangeliją ir keistis tiesoje.

Paprastai žmonės mano, kad sąžinė yra geroji mūsų širdies dalis, bet Dievui taip neatrodo. Kai kurie žmonės turi gerą sąžinę ir stipresnį polinkį siekti gero, tačiau daug žmonių turi piktą sąžinę ir siekia savo naudos labiau negu tiesos.

Vieni kankinasi sąžinės graužiami, jei pasiima net nebrangų kitam priklausantį daiktą, kiti mano, kad tai ne vagystė ir nemato tame nieko blogo. Žmonės turi skirtingus gero ir blogo standartus, priklausomai nuo aplinkos, kurioje augo, ir ko buvo mokomi.

Žmonės skiria gera nuo pikto pagal savo sąžinę, bet visų

žmonių sąžinės yra skirtingos. Daug skirtumų sąlygoja skirtingos kultūros ir vietovės, ir sąžinė niekada netaps absoliučiu gero ir pikto atskyrimo standartu. Absoliutus standartas yra tik Dievo žodyje, kuris yra tiesa.

Skirtumas tarp širdies ir sąžinės

Laiške romiečiams 7, 21-24 pasakyta: „Taigi randu tokį įstatymą, kad, kai trokštu padaryti gera, prie manęs prilimpa bloga. Juk kaip vidinis žmogus aš žaviuosi Dievo įstatymu. Deja, savo kūno nariuose jaučiu kitą įstatymą, kovojantį su mano proto įstatymu. Jis paverčia mane belaisviu nuodėmės įstatymo, glūdinčio mano nariuose. Vargšas aš žmogus! Kas mane išvaduos iš šito mirtingo kūno!"

Šios eilutės paaiškina, kaip sudaryta žmogaus širdis. „Vidinis žmogus" yra tiesos dalis širdyje, kurią galime pavadinti „baltąja širdimi", kuri stengiasi paklusti Šventajai Dvasiai. Gyvybės sėkla yra vidiniame žmoguje. „Nuodėmės įstatymas", kuris yra „juodoji širdis" susideda iš netiesos. Dar yra „proto įstatymas". Tai sąžinė. Sąžinė yra vertybių standartas, kurį žmogus pats suformuoja. Tai „baltosios" ir „juodosios" širdžių mišinys. Kad suprastume sąžinę, pirma turime suprasti širdį.

Žodynuose rasime daug žodžio „širdis" apibrėžimų. Tai „emocinė ir moralinė prigimtis, nesivadovaujanti tik protu", arba „žmogaus išgyvenimų ir nusiteikimų centras, vidaus pasaulis." Bet dvasinė širdies prasmė kitokia.

Kai Dievas sukūrė pirmąjį žmogų Adomą, Jis davė jam gyvybės sėklą ir dvasią. Adomas buvo kaip tuščias indas, ir Dievas įdėjo į jį dvasinį pažinimą: meilę, gerumą ir teisingumą. Adomas buvo mokomas tik tiesos, todėl jo gyvybės sėkla buvo neatsiejama nuo dvasios ir viso jos turimo pažinimo. Būdamas pripildytas tik tiesos neturėjo atskirti dvasios ir širdies. Žodis „sąžinė" neturėjo prasmės, nes netiesos nebuvo.

Tačiau po Adomo nuopuolio jo dvasia jau nebuvo tokia kaip širdis. Adomo bendravimas su Dievu nutrūko, todėl tiesa ir dvasinis pažinimas, pildę jo širdį, pradėjo apleisti Adomą, o jų vietą užėmė netiesa. Neapykanta, pavydas ir puikybė prasiskverbė į jo širdį ir nustelbė gyvybės sėklą. Kol Adomo viduje nebuvo netiesos, žodis „širdis" buvo nereikalingas. Jo širdis buvo jo dvasia, bet po nusidėjimo atėjus netiesai, jo dvasia numirė, ir nuo laiko žmonės pradėjo vartoti žodį „širdis".

Po Adomo nuopuolio žmogaus širdyje netiesa vietoje tiesos

užplūdo gyvybės sėklą. Tai reiškia, kad siela vietoje dvasios uždengė gyvybės sėklą. Paprasčiau tariant, tiesos širdis yra balta, o netiesos – juoda. Visų Adomo palikuonių, gimusių po jo nuopuolio, širdis susideda iš tiesos ir netiesos, jų sąžinė susiformuoja, maišant tiesą su netiesa.

Prigimtis yra sąžinės pagrindas

Žmogaus širdies savybės vadinamos prigimtimi. Žmogaus prigimtis priklauso ne tik nuo paveldėjimo. Ji keičiasi pagal tai, ką žmogus augdamas priima. Kaip dirvožemio savybės keičiasi pagal tai, ką mes į jį įdedame, žmogaus prigimtis keičiasi pagal tai, ką jis mato, girdi ir jaučia.

Visi Adomo palikuonys, gimstantys šiame pasaulyje, per savo tėvų gyvybės energiją paveldi prigimtį, kuri yra tiesos ir netiesos mišinys. Viena vertus, net gimusieji su gera prigimtimi turės piktą prigimtį, jeigu priims piktus dalykus iš nepalankios aplinkos. Kita vertus, jeigu jie bus mokomi gerų dalykų geroje aplinkoje, juose įsišaknys mažiau pikto. Kiekvieno žmogaus prigimtis keičiasi, pridedant į ją netiesos arba tiesos.

Lengva suprasti sąžinę, kai suprantame žmogaus prigimtį, nes sąžinė yra vertinimo standartai, susiformavę žmogaus prigimtyje. Žmonės įsileidžia įgytą tiesos ir netiesos pažinimą į savo vidinę prigimtį ir susikuria vertinimo standartus. Tai sąžinė. Žmogaus sąžinė turi tiesos širdį, piktą prigimtį ir įsitikinimą savo teisumu.

Laikui bėgant, pasaulis vis labiau prisipildo nuodėmių ir pikto, todėl žmonių sąžinė vis labiau genda. Jie paveldi vis piktesnę prigimtį iš savo gimdytojų ir priima vis daugiau netiesos į savo gyvenimą. Šis procesas tęsiasi iš kartos į kartą. Kai sąžinė tampa pikta ir nejautri, žmonėms sunkiau priimti evangeliją. Jiems lengviau priimti šėtono darbus ir pasinerti į nuodėmes.

4. Kūno darbai

Jeigu žmogus daro nuodėmes, jis tikrai susilauks atpildo pagal dvasinės karalystės dėsnius. Dievas pakenčia jį, suteikdamas galimybių atgailauti ir nusigręžti nuo nuodėmių, bet jeigu žmogus peržengia ribas, prasideda išbandymai arba visokios nelaimės.

Visi gimsta su nuodėminga prigimtimi, nes pirmojo žmogaus Adomo nuodėminga prigimtis yra perduodama vaikams per gimdytojų gyvybės energiją. Kartais matome, kad net pradedantys vaikščioti kūdikiai išreiškia savo pyktį ir nusivylimą daug verkdami. Kartais, jei mes paliekame alkaną, verkiantį kūdikį, jis ima taip garsiai verkti, kad atrodo, jog nebegali kvėpuoti. Paskui apkabintas jis priešinasi, nes būna labai supykęs. Net naujagimiai gali taip elgtis, nes būna paveldėję iš gimdytojų ūmų būdą, neapykantą ar pavydą todėl, kad visų žmonių širdyje slypi nuodėminga prigimtis – tai pirmapradė nuodėmė.

Žmonės daro nuodėmes ir augdami. Kaip magnetas traukia metalą, taip gyvenantieji fizinėje erdvėje priima netiesą ir daro nuodėmes. Jas galime suskirstyti į širdies nuodėmes ir nuodėmingus veiksmus. Skirtingos nuodėmės yra nevienodo sunkumo, ir padaryti nuodėmingi darbai tikrai gaus teismo atpildą (Antras laiškas korintiečiams 5, 10). Nuodėmingi veiksmai yra vadinami kūno darbais.

Kūnas ir kūno darbai

Pradžios knygoje 6, 3 parašyta: „Tuomet VIEŠPATS tarė: ,Mano dvasia nepasiliks amžinai žmoguje, nes jis yra ir kūnas. Tebūna jų dienos šimtas dvidešimt metų.'" Čia „kūnas" reiškia ne tik fizinį kūną, bet ir žmogaus buvimą kūniška būtybe, susitepusia nuodėmėmis ir blogiu. Kūniški žmonės negali gyventi amžinai su Dievu ir būti išganyti. Praėjus kelioms kartoms po to, kai Adomas buvo išvarytas iš Edeno sodo ir pradėjo gyventi šioje žemėje, jo palikuonys labai greitai pradėjo daryti kūno darbus.

Dievas liepė Nojui, teisiam žmogui tais laikais, pastatyti laivą ir įspėti žmones, kad jie nusigręžtų nuo savo nuodėmių, bet niekas, išskyrus Nojaus šeimą, nenorėjo lipti į laivą. Pagal dvasinį įstatymą, bylojantį, kad „atpildas už nuodėmę yra mirtis" (Laiškas romiečiams 6, 23), tvanas sunaikino visus Nojaus laikais.

Kokia dvasinė žodžio „kūnas" reikšmė? Kūnas – tai netiesos prigimtis žmogaus širdyje, pasireiškianti konkrečiais darbais. Kitaip tariant, pavydas, ūmus būdas, neapykanta, godumas, gašlumas, puikybė ir kitos vidinės netiesos žmonėse atsiskleidžia smurtu, nešvankiomis kalbomis, svetimavimu ir žmogžudystėmis. Visi kartu šie veiksmai vadinami kūnu, o atskirai – kūno darbais.

Nuodėmės neatsiskleidę veiksmais, bet padaromos mintimis yra vadinamos „kūno reikalais". Kūno reikalai vieną dieną gali pavirsti kūno darbais, jeigu neišmetame jų iš širdies. Nuodugniau aptarsime kūno reikalus 2-oje dalyje „Sielos sandara".

Kūno reikalų peraugimas į kūno darbus yra nedorybė ir savivalė. Nuodėmingo polinkio turėjimas širdyje nelaikomas nedorybe, bet peraugęs į veiksmus jis tampa nuodėme. Jeigu mes neatmetame kūno reikalų bei darbų ir toliau juos darome, pastatome nuodėmių sieną tarp Dievo ir savęs. Paskui šėtonas kaltina mus, kad patektume į išbandymus. Patiriame nelaimes, nes Dievas negali mūsų apginti. Nežinome, kas atsitiks rytoj, jei gyvename be Dievo apsaugos. Taip pat ir mūsų maldos lieka be atsako.

Akivaizdūs kūno darbai

Kai pikta viešpatauja pasaulyje, vienos iš akivaizdžiausių nuodėmių yra lytinis palaidumas ir gašlumas. Sodoma ir Gomora skendėjo gašlume, ir buvo sunaikintos ugnimi ir siera. Pompėjos griuvėsiai liudija apie jos gyventojų ištvirkimą.

Laiške galatams 5, 19-21 išvardinti akivaizdūs kūno darbai:
Kūno darbai žinomi; tai ištvirkavimas, netyrumas, gašlavimas, stabmeldystė, burtininkavimas, priešiškumas, nesantaika, pavyduliavimas, piktumai, vaidai, nesutarimai, susiskaldymai, pavydai, girtavimai, apsirijimai ir panašūs dalykai. Aš jus įspėju, kaip jau esu įspėjęs, jog tie, kurie taip daro, nepaveldės Dievo

karalystės.

Ir šiandien kūno darbai siautėja visame pasaulyje. Paminėsiu kelis kūno darbų pavyzdžius.

Pirmas – ištvirkavimas gali būti fizinis arba dvasinis. Fizine prasme tai svetimavimas arba paleistuvavimas. Net sužadėtiniai nėra išimtis. Šiandien romanai, filmai ir muilo operos vaizduoja paleistuvavimą kaip nuostabią meilę, darydami žmones nejautrius nuodėmėms, jų supratimas darosi miglotas. Taip pat daugybė nešvankių leidinių skatina paleistuvystę.

Dvasinis amoralumas kėsinasi į tikinčiuosius. Ėjimas pas būrėjus, amuletų ar talismanų turėjimas yra dvasinis svetimavimas (Pirmas laiškas korintiečiams 10, 21). Jei krikščionys pasitiki ne Dievu, valdančiu gyvenimą ir mirtį bei palaimą ir prakeiksmą, bet stabais ir demonais, tai dvasinis svetimavimas, Dievo išdavimas.

Antras – netyrumas yra pasidavimas geiduliams ir daugybės blogų darbų darymas, kai gyvenimas pilnas nešvankių žodžių ir svetimavimo darbų, kurie pranoksta įprastą lytinį palaidumą, pavyzdžiui, lytiniai santykiai su gyvuliais, grupinis seksas ir homoseksualizmas (Kunigų knyga 18, 22-30). Kuo labiau įsivyrauja nuodėmės, tuo žmonės darosi nejautresni lytiniam palaidumui.

Tokie darbai yra sukilimas prieš Dievą (Laiškas romiečiams 1, 26-27). Tai nuodėmės, atimančios išgelbėjimą (Pirmas laiškas korintiečiams 6, 9-10), pasibjaurėtinos Dievui (Pakartoto Įstatymo knyga 13, 15). Lyties keitimo operacijos, vyrai moteriškais drabužiais ar moterys vyriškais apdarais yra pasibjaurėjimas Dievui (Pakartoto Įstatymo knyga 22, 5).

Trečias – stabmeldystė taip pat yra pasibjaurėtina Dievui. Stabmeldystė būna fizinė ir dvasinė.

Fizinė stabmeldystė yra atvaizdų iš medžio, akmens ar metalo garbinimas ir lenkimasis jiems, užuot ieškojus Dievo Kūrėjo (Išėjimo knyga 20, 4-5). Rimta stabmeldystė užtraukia prakeiksmą iki trečios ar ketvirtos kartos. Jeigu pažvelgsime į šeimas, labai garbinančias stabus, priešas velnias ir šėtonas nuolat sukelia joms sunkių išbandymų, ir jas persekioja nesibaigiančios problemos. Daug tokių šeimų narių būna demonų apsėsti, turi proto sutrikimų arba kenčia nuo alkoholizmo. Gimusiems tokiose šeimose žmonėms, net priėmus Viešpatį, labai sunku gyventi tikėjimu, nes priešas velnias ir šėtonas atkakliai trukdo jiems.

Dvasinė stabmeldystė yra tikinčiojo Dievu apsisprendimas mylėti ką nors labiau negu Dievą. Jei krikščionys Viešpaties dieną neina į bažnyčią, kad pažiūrėtų filmą, muilo operą, sporto rungtynes ar patenkintų kitokius pomėgius arba nepaiso tikėjimo pareigų dėl mylimo žmogaus, tai dvasinė stabmeldystė. Jeigu tu myli bet ką – šeimą, vaikus, pasaulio pramogas, prabangias prekes, valdžią, garbę, godumą ar pažinimą – labiau negu Dievą, tada tai tavo stabas.

Ketvirtas – burtininkavimas yra galių gavimas su piktųjų dvasių pagalba ar valdžia, ypač ateities spėjimui.

Negalima eiti pas būrėjus, sakant, kad tiki į Dievą. Net netikintieji burdami atneša daug nelaimių, nes būrimas kviečia piktąsias dvasias.

Pavyzdžiui, jeigu bandai burtais išspręsti problemas, jos tik padidėja, užuot pradingę. Po būrimo atrodo, kad piktosios dvasios nurimsta, bet greitai jos atneša didesnių problemų, kad būtų labiau garbinamos. Kartais jos pasakoja apie būsimus įvykius, bet piktosios dvasios nežino ateities. Jos yra dvasinės būtybės ir pažįsta kūniškų žmonių širdis ir apgaule įtikina juos pasakojimais apie ateitį, kad būtų garbinamos. Dar burtai naudojami apgauti kitus, todėl turime to nedaryti. Jeigu burtais užtrauki kam nors nesėkmę, tai akivaizdus kūno darbas, ir kelias į susinaikinimą.

Penktas – priešiškumas yra tikra, aktyvi ir paprastai abipusė neapykanta arba pikta valia. Tai noras sunaikinti kitus, blogo jiems linkėjimas. Priešiškai nusiteikusieji nekenčia kitų tik todėl, kad pastarieji jiems nepatinka. Kai neapykanta labai didelė, jie pradeda šmeižti kitus ir kurti sąmokslus.

Šeštas – nesantaika yra aštrus, kartais audringas konfliktas. Taip kuriamos skirtingos grupės bažnyčioje tik todėl, kad kiti turi kitokią nuomonę. Pasidavusieji nesantaikai blogai kalba apie kitus, teisia ir smerkia juos. Taip bažnyčia pasidalina į daug grupių.

Septintas – nesutarimai yra skirstymasis į grupes, vadovaujantis savo mintimis. Net šeimos išsiskiria, ir bažnyčioje gali atsirasti nesutarimų. Dovydo sūnus Absalomas išdavė savo tėvą ir atsiskyrė nuo jo, pasidavęs savo troškimams. Jis sukilo prieš tėvą, kad taptų karaliumi. Dievas apleidžia tokius žmones.

Galiausiai Absalomas buvo ištiktas apgailėtinos mirties.

Aštuntas – susiskaldymai. Kai prasideda susiskaldymai, dažnai gimsta erezijos. Petro antras laiškas 2, 1 sako: „Buvo tautoje ir netikrų pranašų, kaip ir tarp jūsų bus netikrų mokytojų, kurie slapta įves pražūtingų klaidamokslių, išsigindami net juos išpirkusio Valdovo, ir užsitrauks greitą žlugimą." Erezija yra Jėzaus Kristaus neigimas (Jono pirmas laiškas 2, 22-23; 4, 2-3). Eretikai sako, kad tiki į Dievą, bet neigia Dievą Trejybę arba Jėzų Kristų, atpirkusį mus savo krauju, taip užsitraukdami greitą žlugimą. Biblija aiškiai sako, kad erezija yra Jėzaus Kristaus neigimas, todėl neturime teisti tų, kurie priima Dievą Trejybę ir Jėzų Kristų.

Devintas – pavydai. Jie perauga į rimtus veiksmus. Pavydėti reiškia nemaloniai jaustis, šalintis ir nekęsti kitų, kai jiems geriau už tave sekasi. Pasidavus pavydui, jis perauga į kitiems žalingus veiksmus. Saulius pavydėjo savo tarnui Dovydui, nes žmonės mylėjo Dovydą labiau už jį. Jis net pasiuntė savo kariuomenę nužudyti Dovydą ir išžudė kunigus ir žmones mieste, priglaudusiame Dovydą.

Dešimtas – girtavimai. Nojus, prisigėręs vyno po tvano, padarė klaidą, turėjusią sunkias pasekmes. jis prakeikė savo antrąjį sūnų Chamą, kuris atidengė jo nuodėmę.

Laiške efeziečiams 5, 18 parašyta: „Ir nepasigerkite vynu, kuriame slypi pasileidimas, bet būkite pilni Dvasios." Kai kas sako, kad viena taurė vyno nekenkia, bet tai vis tiek nuodėmė, nes jei net geri tik taurę ar dvi, vartoji alkoholį, kad apsvaigtum. Be to, girti žmonės padaro labai daug nuodėmių, negalėdami susivaldyti.

Biblija mini vyno gėrimą, nes Izraelyje vandens buvo mažai, todėl Dievas leido jiems gerti vyną, kuris yra grynos vynuogių sultys, arba stiprius gėrimas iš vaisių, turinčių daug cukraus (Pakartoto Įstatymo knyga 14, 26). Tačiau iš tiesų Dievas neleido žmonėms gerti alkoholinių gėrimų (Kunigų knyga 10, 9; Skaičių knyga 6, 3; Patarlių knyga 23, 31; Jeremijo knyga 35, 6; Danieliaus knyga 1, 8; Evangelija pagal Luką 1, 15; Laiškas romiečiams 14, 21). Dievas tik leido ribotai vartotai vyną labai ypatingais atvejais. Nors izraelitai vartojo vyną vietoje vandens, jie negerdavo, kad pasigertų ir linksmintųsi.

Paskutinis – apsirijimai, yra nevaldomas pasidavimas svaigalams, svetimavimui, lošimui ir kitiems geidulingiems dalykams. Tokie žmonės nepajėgia vykdyti savo pareigų visuomenei. Nesusivaldymas iš esmės yra apsirijimas. Nepadorus arba palaidas gyvenimas taip pat yra apsirijimas. Jeigu gyveni tokį gyvenimą, net priėmęs Viešpatį, tu negali atiduoti širdies Dievui ir atmesti nuodėmių, todėl negali paveldėti Dievo karalystės.

Negalėjimas paveldėti Dievo karalystės

Apžvelgėme akivaizdžius kūno darbus. Kokia pagrindinė jų priežastis? Kodėl žmonės daro kūno darbus? Todėl, kad jie nenori įsileisti Dievo Kūrėjo į savo širdį. Tai aprašyta Laiške romiečiams 1, 28-32: „Jie nesirūpino pažinti Dievą, tai ir Dievas leido jiems vadovautis netikusiu išmanymu ir daryti, kas nedera. Todėl jie pilni visokio neteisumo, piktybės, godulystės ir piktumo, pilni pavydo, žudynių, nesantaikos, klastingumo, paniekos, apkalbų. Jie šmeižikai, Dievo nekentėjai, akiplėšos, išpuikėliai, pagyrūnai, išradingi piktadariai, neklausantys tėvų, neprotingi, neištikimi, be meilės, negailestingi. Nors žino Dievo sprendimą, jog visa tai darantys verti mirties, jie ne tik patys taip daro, bet ir palaiko taip darančius."

Iš esmės apaštalas čia sako, kad mes nepaveldėsime Dievo karalystės, jeigu atkakliai darysime akivaizdžius kūno darbus. Žinoma, tai nereiškia, kad nebūsime išganyti, jei kartais nusidedame dėl silpno tikėjimo.

Tai netiesa, kad naujai įtikėjusieji, kurie dar gerai nepažįsta tiesos ir turi silpną tikėjimą, nebus išgelbėti, nes dar neatsikratė kūno darbų. Visi žmonės turi blogybių, kol jų tikėjimas subręsta, bet jie gauna nuodėmių atleidimą, pasitikėdami Viešpaties krauju. Tačiau jeigu jie atkakliai daro kūno darbus, nenusigręždami nuo jų, jie negali būti išganyti.

Nuodėmės, vedančios į mirtį

Jono pirmas laiškas 5, 15-16 sako: „O jeigu žinome, kad jis mūsų išklauso, ko tik prašome, tai ir žinome turį, ko esame prašę.

Jei kas mato nusidedant savo brolį, tačiau ne iki mirčiai, teprašo, ir Dievas duos jam gyvybę, būtent tiems, kurie nusideda ne iki mirčiai. Mat yra nuodėmė iki mirčiai, ir aš kalbu ne apie ją, kad būtų prašoma." Kaip parašyta, yra mirtinų ir nemirtinų nuodėmių.

Kokios nuodėmės veda į mirtį ir atima teisę paveldėti Dievo karalystę?

Laiške hebrajams 10, 26-27 parašyta: „O jeigu, gavę aiškų tiesos pažinimą, mes sąmoningai darome nuodėmes, tuomet jokios aukos už nuodėmes nebelieka, ir tėra kažkoks baisus laukimas teismo ir naikinančios ugnies, kuri praris priešininkus." Atkaklus nuodėmių darymas, suprantant, kad tai nuodėmės, yra sukilimas prieš Dievą. Dievas neduoda atgailos dvasios tokiems žmonėms.

Laiške hebrajams 6, 4-6 pasakyta: „Kurie kartą jau buvo apšviesti, paragavo dangaus dovanos, tapo Šventosios Dvasios dalininkais, patyrė gerąjį Dievo žodį bei būsimojo amžiaus galybę ir nupuolė, tų nebeįmanoma iš naujo atgaivinti atsivertimui, nes jie sau kryžiuoja Dievo Sūnų ir išstato jį paniekai." Jeigu sukilsi prieš Dievą, išgirdęs tiesą ir patyręs Šventosios Dvasios darbus, negausi atgailos dvasios ir nebūsi išgelbėtas.

Jeigu smerki Šventosios Dvasios darbus, vadini velnio darbais ar erezija, taip pat nebūsi išgelbėtas, nes tai piktžodžiavimas Šventajai Dvasiai (Evangelija pagal Matą 12, 31-32).

Turime žinoti, kad yra neatleistinų nuodėmių, ir niekada jų nedaryti. Net lengvos nuodėmės gali pavirsti sunkiomis, jeigu jos kaupiasi. Todėl kiekvieną akimirką turime siekti tiesos.

5. Ugdymas

Žmonijos ugdymas yra procesas, kurio metu Dievas sukūrė žmones šioje žemėje ir valdo žmonijos istoriją iki Paskutiniojo teismo, kad turėtų ištikimų vaikų.

Javų auginimas yra procesas, kurio metu ūkininkas pasėja sėklas ir, laikui atėjus, įdėjęs daug triūso, nuima derlių. Dievas taip pat pasėjo pirmąsias sėklas, Adomą ir Ievą, šioje žemėje, kad sulauktų ištikimų vaikų derliaus, įdėjęs daug triūso jų auginimui. Iki šios dienos Jis ugdo žmones. Dievas iš anksto žinojo, kad žmonės taps nepaklusnūs ir nuliūdins Jį. Tačiau Jis ugdo žmones iki galo, nes žino, kad ištikimi vaikai atmes pikta iš meilės Dievui ir turės Dievo širdį.

Žmonės sukurti iš žemės dulkių, todėl jų prigimtis turi dirvožemio savybių. Lauke pasėtos sėklos sudygsta, užauga ir atneša vaisių. Žemė turi galią užauginti naują gyvybę. Taip pat dirvožemio savybės keičiasi nuo to, ką į jį įdedi. Tas pats ir su žmonėmis. Dažnai supykstantieji turi daugiau pykčio savo prigimtyje. Dažnai meluojantieji turi daugiau netiesos savo prigimtyje. Po Adomo nuopuolio jis ir jo palikuonys tapo kūniškais žmonėmis ir labai greitai bei vis labiau susitepė netiesa.

Todėl žmonės turi ugdyti savo širdį, kad atgautų dvasinę prigimtį per žmonijos ugdymą. Pagaliau Dievas augina žmones šioje žemėje, kad jie ugdytų savo širdį, kol padarys ją tyrą, kokią Adomas turėjo prieš savo nuopuolį. Dievas davė mums Biblijoje palyginimų, susijusių su javų auginimu, kad suprastume Jo numatytą ir vykdomą žmonijos ugdymą (Evangelija pagal Matą 13; Evangelija pagal Morkų 4; Evangelija pagal Luką 8).

Evangelijos pagal Matą tryliktame skyriuje Jėzus palygina žmonių širdis su žeme prie kelio, uolėta žeme, erškėčiais apaugusiu lauku ir gera žeme. Turime patikrinti, kokią žemę turime, ir įdirbti, kad ji taptų gera ir patiktų Dievui.

Keturių rūšių širdies dirva

Pirmoji, pakelės žemė, yra sukietėjusi dirva, nes ja ilgą laiką vaikščiojo žmonės. Tiesą sakant, tai net ne dirva, ir jokia sėkla nedygsta joje. Ši dirva neturi gyvybės.

Pakelės žemė dvasine prasme yra žmonės, kurių širdis visiškai nepriima evangelijos. Jų širdis taip sukietinta egoizmo ir puikybės, kad evangelijos sėkla negali sudygti joje. Jėzaus laikas žydų tautos vadovai taip užsispyrusiai laikėsi savo nuomonių ir tradicijų, kad atmetė Jėzų ir evangeliją. Šiandien turintieji pakelės dirvą širdyje yra taip užsispyrę, kad neatveria savo proto ir atmeta evangeliją, net matydami Dievo galią.

Pakelės žemė yra labai kieta, ir sėklos guli jos paviršiuje. Atskridę paukščiai sulesa sėklas. Čia paukščiai reiškia šėtoną. Šėtonas atima Dievo žodį, kad žmonės neįgytų tikėjimo. Labai raginami tokie žmonės ateina į bažnyčią, bet netiki skelbiamu Dievo žodžiu. Verčiau jie teisia pamokslininką ir jo pamokslą, remdamiesi savo mintimis. Sukietinę širdis ir protą žmonės, negali priimti išgelbėjimo, nes Žodžio sėkla neatneša vaisių juose.

Antroji, uolėta dirva, yra truputį geresnė už žemę palei kelią. Žmogus su pakelės dirvos širdimi neturi jokio noro priimti Dievo žodį, bet turintysis uolėtos dirvos širdį supranta išgirstą Jo žodį. Pasėjus sėklas uolėtoje žemėje, jos sudygsta, bet negali gerai augti. Evangelijoje pagal Morkų 4, 5-6 parašyta: „Kiti grūdai nukrito į uolėtą dirvą, kur buvo mažai žemių, ir greit sudygo, nes neturėjo gilesnio žemės sluoksnio. Bet, saulei užtekėjus, daigai nuvyto ir, neturėdami šaknų, sudžiūvo."

Turintieji uolėtą širdies dirvą supranta Dievo žodį, bet negali priimti jo su tikėjimu. Evangelijoje pagal Morkų 4:17 parašyta:

„Bet jie neturi savyje šaknų ir yra nepastovūs. Ištikus kokiai negandai ar persekiojimui dėl žodžio, jie greit atkrinta." Čia „žodis" reiškia Dievo žodžio įsakymus, pavyzdžiui: „Švęsk šabo dieną, atnešk visą dešimtinę, negarbink stabų, tarnauk kitiems ir nusižemink." Girdėdami Dievo žodį, jie galvoja vykdyti jį, bet praranda ryžtą, susidūrę su sunkumais. Jie džiaugiasi, kai patiria Dievo malonę, bet sunkumuose greitai viskuo nusivilia. Jie išgirdo ir suprato Dievo žodį, bet neturi jėgos gyventi juo, nes Dievo žodis jų širdyse neperauga į tvirtą tikėjimą.

Trečioji, erškėčiuota dirva, yra širdis žmonių, kurie supranta Dievo žodį ir pradeda jį vykdyti, bet ne iki galo, todėl jis negali atnešti gerų vaisių. Evangelijoje pagal Morkų 4, 19 parašyta: „...bet pasaulio rūpesčiai, turto apgaulė ir įvairios sukilusios aistros nusmelkia žodį, ir jis tampa nevaisingas."

Turintieji tokią širdies dirvą atrodo geri tikintieji, vykdantys Dievo žodį, bet nuolat susiduria su išbandymais, ir jų dvasinis augimas būna lėtas. Jie nepatiria tikro Dievo veikimo, apgauti pasaulio rūpesčių, turtų ir savanaudiškų troškimų. Pavyzdžiui, jiems gresia kalėjimas, jų verslui sužlugus. Jeigu jie turi galimybę išsisukti nesąžiningu būdu, ir per tai šėtonas juos gundo, dažniausiai jie pasiduoda gundymui. Dievas padėtų jiems, jeigu jie eitų tiesos keliu, nepaisydami jokių sunkumų, bet jie pasiduoda šėtono gundymams.

Net norėdami paklusti Dievo žodžiui, jie negali to padaryti su tikėjimu, nes jų kūniško mintys valdo jų protą. Jie maldoje atiduoda viską į Dievo rankas, bet iš tiesų vadovaujasi savo patirtimi ir teorijomis. Jų planai jiems svarbiausi, todėl jiems nieko neišeina, nors iš pradžių atrodo, kad sekasi. Jokūbo laiške 1, 8 tokie žmonės vadinami dvilypiais.

Kai erškėčių daigai pasirodo, atrodo, kad jie nepavojingi, bet kai jie užauga, padėtis visiškai pasikeičia. Jų krūmai išsikeroja ir nustelbia gerų sėklų daigus. Todėl bet koks dalykas, trukdantis mums paklusti Dievo Žodžiui, turi būti nedelsiant išrautas, net jei atrodo nereikšmingas.

Ketvirtoji, gera dirva, yra derlinga, žemdirbio gerai įdirbta. Sukietėjusi dirva suarta, akmenys išrinkti, erškėčiai išrauti. Tai reiškia, kad tu nedarai to, ką Dievas draudžia, ir atmeti viską, ką Dievas liepia mums atmesti. Tokioje širdies dirvoje nėra akmenų ir kitų kliūčių, todėl įkritęs į ją Dievo žodis atneša trisdešimteriopą, šešiasdešimteriopą ir šimteriopą vaisių. Tokie žmonės gauna atsakymus į savo maldas.

Kad patikrintume, ar gerai įdirbta mūsų širdies dirva, turime pažiūrėti, kaip mes vykdome Dievo žodį. Kuo geriau įdirbame širdies dirvą, tuo lengviau mums gyventi pagal Dievo žodį. Kai kurie žmonės žino Jo žodį, bet nevykdo dėl nuovargio, tingumo, neteisingų minčių ir geidulių. Turintieji gerą širdies dirvą, pašalina šias kliūtis ir išgirdę iš karto supranta bei vykdo Dievo žodį. Supratę, kokia yra Dievo valia ir kas patinka Dievui, jie taip ir elgiasi.

Jeigu ugdai savo širdį, tau pradeda patikti žmonės, kurių anksčiau nekentei. Tu atleidi žmonėms, kuriem negalėjai atleisti. Pavydas ir teisimas pavirsta meile ir gailestingumu. Puikybė pavirsta nuolankumu ir tarnavimu. Pikto atmetimas yra širdies apipjaustymas, taip ugdome širdį, paruošdami joje gerą dirvą. Kai Dievo žodžio sėkla įkrenta į gerą širdies dirvą, ji išdygsta, greitai auga ir atneša gausų devynių Šventosios Dvasios bei Šviesos vaisių derlių.

Pavertęs savo širdį gera dirva, gauni dvasinį tikėjimą iš aukštybių. Tu gali karštai melstis, ir Dievo galia nužengia iš dangaus. Tu aiškiai girdi Šventosios Dvasios balsą ir vykdai Dievo valią. Tokie žmonės yra vaisiai, kuriuos Dievas nori užauginti, ugdydamas žmoniją.

Indo savybės: širdies dirva

Vienas svarbus širdies ugdymo elementas yra indo savybės. Indo savybės priklauso nuo medžiagos, iš kurios jis padarytas. Jos rodo, kaip žmogus klauso Dievo žodžio, apmąsto jį ir vykdo. Biblija sako, kad yra auksinių, sidabrinių, medinių ir molinių indų (Antras laiškas Timotiejui 2, 20-21). Jie visi klauso to paties Dievo žodžio, bet skirtingai jį girdi. Vieni priima jį, sakydami „Amen", kiti išsisukinėja, jeigu jis nesutampa su jų mintimis. Vieni įdėmiai išklausę stengiasi vykdyti Dievo žodį, kiti pasidžiaugia juo, bet greitai pamiršta.

Indo savybės nulemia šiuos skirtumus. Jeigu susikaupęs klausai Dievo žodžio, jis bus pasėtas tavo širdyje kitaip, negu klausant išsiblaškius. Net išgirdus tą pačią žinią, rezultatai bus labai skirtingi ir priklausys nuo to, kaip giliai įsidėsi žodžius į širdį.

Apaštalų darbuose 17, 11 parašyta: „Tenykščiai pasirodė esą kilnesni už tesalonikiečius. Jie labai noriai priėmė žodį ir kasdien tyrinėjo Raštus, ar taip esą iš tikrųjų." Laiškas hebrajams 2, 1 sako: „Todėl mes turime kuo rūpestingiau apmąstyti, ką girdėjome, kad nepraplauktume pro šalį."

Jeigu įdėmiai klausai Dievo žodžio, apmąstai jį ir vykdai, tavo indo savybės yra geros. Turintieji gerų savybių indą yra paklusnūs Dievo žodžiui, jie greitai paruošia gerą dirvą savo širdyje. Turėdami gerą širdies dirvą jie laiko Dievo žodį giliai širdyje ir vadovaujasi juo savo gyvenime.

Gerų savybių indas padeda įdirbti širdies dirvą, o gera dirva savo ruožtu padeda ugdyti geras indo savybes. Evangelijoje pagal Luką 2, 19 parašyta: „Marija dėmėjosi visus šiuos dalykus ir svarstė juos savo širdyje." Mergelė Marija buvo geras indas, įdėmiai klausė Dievo Žodžio ir buvo palaiminta, Jėzui prasidėjus jos įsčiose iš Šventosios Dvasios.

Pirmame laiške korintiečiams 3, 9 parašyta: „Mes juk esame Dievo bendradarbiai, o jūs Dievo dirva, Dievo statyba." Mes esame dirva, kurią Dievas įdirba. Galime turėti švarią ir gerą širdį kaip gerą dirvą ir auksinį indą, Dievo naudojamą kilniems tikslams, jeigu dedamės į širdį ir vykdome Dievo žodį.

Širdies savybės: indo dydis

Indo savybės priklauso ir nuo jo dydžio. Mes turime praplėsti savo širdis. Indo savybės priklauso nuo jo medžiagos, o širdies savybės – nuo indo dydžio. Juos galima suskirstyti į keturias kategorijas.

Pirmos kategorijos indai yra žmonės, kurie daro daugiau negu privalo. Jie turi geriausias širdis. Pavyzdžiui, tėvai paprašo savo vaikų surinkti šiukšles nuo grindų. Vaikai ne tik surenka šiukšles, bet ir sutvarko kambarį. Jie pranoksta tėvų lūkesčius ir suteikia jiems džiaugsmo. Steponas ir Pilypas buvo tik diakonai, bet ištikimi ir šventi kaip apaštalai. Jie buvo Dievo džiaugsmas ir turėjo didžią galią, darė ženklus ir stebuklus.

Antros kategorijos indai yra žmonės, kurie daro tik tai, ką privalo. Jie vykdo savo pareigas, bet nesirūpina kitais ar jų aplinka. Jei tėvai paprašo jų surinkti šiukšles, jie surenka jas. Jie garsėja paklusnumu, bet nekelia didelio džiaugsmo Dievui. Dalis tikinčiųjų bažnyčioje priklauso šiai kategorijai, jie vykdo savo pareigas ir daugiau niekuo nesirūpina. Jie nelabai džiugina Dievą.

Trečios kategorijos indai yra žmonės, kurie daro, ką privalo, iš pareigos jausmo. Jie vykdo savo pareigas ne su džiaugsmu ir dėkingumu, bet skųsdamiesi ir murmėdami. Tokie žmonės visada blogai nusiteikę, jie nenori aukotis ir padėti kitiems. Gavę užduotį jie atlieka ją iš pareigos jausmo, bet dažniausiai apsunkina kitų gyvenimą. Dievas žiūri į mūsų širdį. Jis džiaugiasi, kai mes atliekame savo pareigas noriai, iš meilės Dievui, bet ne per prievartą ar iš pareigos jausmo.

Ketvirtos kategorijos indai yra žmonės, kurie daro pikta. Jie neturi atsakomybės ar pareigos jausmo ir negalvoja apie kitus. Jiems rūpi tiks savos teorijos, ir kitiems būna sunku su jais. Jei tokie žmonės būna pastoriais ar vyresniaisiais, kurie rūpinasi bažnyčios nariais, jie negali parodyti jiems meilės, todėl praranda bažnyčios narius arba verčia juos suklupti. Jie visada kaltina kitus dėl prastų rezultatų ir galiausiai atsisako savo pareigų. Todėl geriau jiems apskritai nepatikėti tokių pareigų.

Dabar patikrinkime savo širdį. Jeigu mūsų širdis nepakankamai plati, mes galime ją praplėsti. Tam turime pašventinti savo širdį ir turėti geros kokybės indą. Mes negalime turėti geros širdies, turėdami prastą indą. Mes ugdome geras širdies savybes, jeigu aukojamės ir aistringai pasišvenčiame kiekvienam darbui.

Pasižymintieji geromis širdies savybėmis atlieka didelius Dievo darbus ir atneša Jam daug garbės. Tokia buvo Juozapo gyvenimo istorija. Tikri Juozapo broliai pardavė jį į Egiptą, kur jį nupirko Potifaras, faraono sargybos viršininkas. Juozapas nedejavo dėl savo gyvenimo, parduotas į vergiją. Jis taip ištikimai tarnavo šeimininkui, kad pastarasis patikėjo jam prižiūrėti visą savo namų ūkį. Vėliau jis buvo nekaltai apkaltintas ir įkalintas, bet kaip visada buvo ištikimas ir galiausiai tapo viso Egipto ministru pirmininku. Jis išgelbėjo karalystę ir savo šeimą nuo baisios sausros ir padėjo Izraelio valstybės įkūrimo pamatus.

Jeigu jis nebūtų turėjęs visų gerų širdies savybių ir daręs tik tai, ką jam liepė šeimininkas, jis būtų baigęs savo gyvenimą Egipte vergaudamas arba kalėjime. Tačiau Dievas naudojo Juozapą dideliems darbams, nes matė, kad visose aplinkybėse jis daro viską, ką gali, ir turi plačią širdį.

Kviečiai ar pelai?

Dievas ugdo žmones fizinėje erdvėje jau ilgą laiką, nuo pat Adomo nuopuolio. Laikui atėjus, Jis atskirs kviečius nuo pelų ir surinks kviečius į dangaus karalystę, o pelus sumes į pragarą. Evangelija pagal Matą 3, 12 sako: „Jo rankoje vėtyklė, ir jis išvalys savo kluoną. Kviečius surinks į klėtį, o pelus sudegins neužgesinama ugnimi."

Kviečiais čia vadinami žmonės, mylintys Dievą ir vykdantys Jo žodį, gyvenantys tiesoje. Gyvenantieji ne Dievo žodžiu, bet piktu, ir nepaisantieji tiesos, nepriimantieji Jėzaus Kristaus ir darantieji kūno darbus yra pelai.

Dievas nori, kad visi taptų kviečiais ir būtų išganyti (Pirmas laiškas Timotiejui 2, 4). Panašiai žemdirbiai nori, kad užderėtų visos pasėtos sėklos. Tačiau, pjūčiai atėjus, visada būna pelų. Taip ir žmonijos ugdyme, ne visi taps kviečiais ir bus išganyti.

Nesuprantantieji šio žmonijos ugdymo elemento, gali paklausti: „Jeigu Dievas yra meilė, kodėl Jis vienus išgelbsti, o kitiems leidžia eiti į pražūtį?" Ne tik Dievas nulemia žmogaus išganymą. Tai priklauso ir nuo kiekvieno asmens laisvos valios. Kiekvienas žmogus, gyvenantis fizinėje erdvėje, turi pasirinkti kelią į dangų arba pragarą.

Jėzus pasakė Evangelijoje pagal Matą 7, 21: „Ne kiekvienas, kuris man šaukia: 'Viešpatie, Viešpatie!' įeis į dangaus karalystę, bet tik tas, kuris vykdo mano dangiškojo Tėvo valią." Evangelijoje pagal Matą 13, 49-50 parašyta: „Taip bus ir pasaulio pabaigoje: išeis angelai, išrankios bloguosius iš gerųjų ir įmes juos į žioruojančią krosnį. Ten bus verksmas ir dantų griežimas."

Čia Jėzus kalba apie tikinčiuosius. Dievas atskirs pelus nuo kviečių iš tikinčiųjų tarpo. Net priėmę Jėzų Kristų ir lankydami bažnyčią, jie toliau būna blogi, jeigu nevykdo Dievo valios. Jie tėra pelai ir bus įmesti į ugnies pragarą.

Biblijoje Dievas apreiškė mums apie Dievo Kūrėjo širdį, žmonijos ugdymą ir gyvenimo tikslą. Jis nori, kad mes taptume gerais indais ir ugdydami savo širdį taptume ištikimais Dievo vaikais – kviečiais dangaus karalystėje. Bet kodėl tiek daug žmonių siekia beprasmių dalykų šiame pasaulyje, kupiname nuodėmių ir neteisybės? Todėl, kad jie yra valdomi savo sielos.

Dvasia, siela ir kūnas: 1 tomas

2 dalis

Sielos sandara
(Sielos veikimas fizinėje erdvėje)

Iš kur kyla žmonių mintys?
Ar mano siela klesti?

„Jais nugalime gudravimus ir bet kokią puikybę, kuri sukyla prieš Dievo pažinimą. Jais paimame nelaisvėn kiekvieną mintį, kad paklustų Kristui, ir esame pasirengę nubausti kiekvieną neklusnumą, kai tik jūsų klusnumas taps tobulas"
(Antras laiškas korintiečiams 10, 5-6)

1 skyrius
Sielos sandara

Nuo to laiko, kai žmogaus dvasia numirė, jo siela užėmė žmogaus šeimininko vietą, jam gyvenant fizinėje erdvėje. Siela pasidavė šėtono įtakai, ir žmonės ėmė vadovautis nuodėmingos sielos troškimais.

1. Sielos apibrėžimas

2. Sielos veikimas fizinėje erdvėje

3. Tamsa

Mes su nuostaba gėrimės Dievo kūrinija, matydami, kaip šikšnosparniai susiranda grobį savo echolokacijos sistema, lašišos bei įvairūs paukščiai nukeliauja tūkstančius kilometrų ir sugrįžta į savo gimimo bei veisimosi vietas, geniai snapu kala į kamieną beveik tūkstantį kartų per minutę.

Žmonės sukurti valdyti visą kūriniją. Žmogus fiziškai ne toks stiprus kaip liūtas ar tigras. Jo klausa ir uoslė ne tokia jautri kaip šuns. Tačiau jis vadinamas visos kūrinijos valdovu.

Žmonės turi dvasią ir aukštesnio lygio mąstymą. Žmonės yra protingi, mokslo ir civilizacijos padedami jie valdo visą kūriniją. Mąstančioji žmogaus dalis yra susijusi su siela.

1. Sielos apibrėžimas

Atmintis smegenyse, žinios atmintyje ir mintys, naudojant šias žinias, yra vadinamos siela.

Turime aiškiai suprasti ryšį tarp dvasios, sielos ir kūno, kad teisingai suprastume sielos veikimą ir atgaivintume Dievui patinkantį sielos veikimą. Mūsų dvasia turi tapti sielos valdove, kad išsivaduotume iš šėtono valdžios.

Sielos apibrėžimas „Lietuvių kalbos žodyne": vidinis psichinis žmogaus pasaulis, jo sąmonė, jausmai, išgyvenimai; nemirtingas nematerialus žmogaus pradas. Tačiau biblinė sielos reikšmė yra kitokia.

Dievas įdėjo atminties mechanizmą į žmogaus smegenis. Smegenys turi atminties funkciją. Žmonės gali kaupti žinias atmintyje ir pasinaudoti jomis. Naudojimasis atminties saugyklos turiniu yra vadinamas mąstymu. Mąstymas yra naudojimasis atmintyje sukauptais duomenimis. Atminties mechanizmas, jo sukauptos žinios ir jų panaudojimas bendrai vadinami siela.

Žmogaus sielą galima palyginti su duomenų saugykla, jų paieška ir panaudojimu kompiuteryje. Žmonės turi sielą, todėl gali prisiminti ir galvoti, siela jiems tokia pat svarbi kaip širdis.

Žmogaus atmintis ir intelektas, skiriasi nuo kitų pagal tai, kiek informacijos jis matė, girdėjo ir įsidėmėjo, kaip gerai atsimena ir panaudoja sukauptus duomenis. Intelekto koeficientas arba IQ būna didžiąja dalimi paveldėtas, bet gali keistis, mokantis ir įgyjant patirties. Jeigu du žmonės gimsta su vienodu IQ, laikui bėgant jis gali pasikeisti priklausomai nuo įdėtų pastangų.

Sielos veikumo svarba

Sielos veikimas keičiasi pagal tai, ką dedame į atmintį. Žmonės mati, girdi, jaučia ir įsimena daug kasdieninių dalykų. Paskui jie prisimena juos ateities planavimui arba gero ir pikto atskyrimui.

Kūnas yra tarsi dvasios ir sielos indas. Siela, naudodama mąstymo funkciją, atlieka svarbų vaidmenį žmogaus charakterio, individualybės ir vertinimo standartų formavime. Žmogaus sėkmės ir nepasisekimai labai priklauso nuo sielos veikimo.

Tai atsitiko mažame Kodamuri kaimelyje, esančiame už 110 km į pietvakarius nuo Kalkutos, Indijoje, 1920 metais. Misionierius pastorius Singhas ir jo žmona ten išgirdo iš vietos gyventojų apie pabaisas, panašias į žmones, gyvenančias su vilkais oloje. Kai pastorius Singhas sugavo pabaisas, paaiškėjo, kad tai dvi mergaitės.

Pasak pastoriaus Singho dienoraščio, mergaitės tik atrodė kaip žmonės, bet elgėsi kaip vilkai. Viena iš jų greitai mirė, o kita, vardu Gamara, gyveno su Singhais devynerius metus, ir mirė nuo kraujo užkrėtimo, susirgusi uremija.

Dienomis Gamara nejudėdama žiūrėdavo į sieną tamsiame kambaryje arba snausdavo, bet naktimis slankiodavo po namus ir staugdavo kaip tikra vilkė. Ji valgė tik burna, nenaudodama rankų ir bėgiodavo keturpėsčia kaip vilkai. Jei kokie nors vaikai prisiartindavo prie jos, ji urgzdama iššiepdavo dantis ir sprukdavo.

Singhai stengėsi paversti vilkų mergaitę žmogumi, bet tai buvo nelengva užduotis. Tik po trejų metų ji pradėjo valgyti rankomis, o po penkerių veido išraiška pradėjo rodyti liūdesį arba džiaugsmą. Jausmai, kuriuos Gamara išmoko parodyti iki savo mirties, buvo patys paprasčiausi, panašūs į šunų, kurie pamatę šeimininkus vizgina uodegą, rodydami džiaugsmą.

Ši istorija rodo, kad žmogaus siela turi tiesioginę įtaką žmogaus tapimui žmogumi. Gamara užaugo, matydama tik vilkų elgesį. Negaudama žmogui reikalingo pažinimo jos siela negalėjo vystytis. Auginama vilkų ji galėjo elgtis tik kaip vilkė.

Skirtumas tarp žmonių i gyvulių

Žmonės turi dvasią, sielą ir kūną. Svarbiausia iš jų yra dvasia. Žmogaus dvasia nemirtinga, ji duota Dievo, kuris yra dvasia. Kūnas miršta ir sugrįžta į dulkes, bet dvasia ir siela eina į dangų arba pragarą.

Kai Dievas sukūrė gyvulius, Jis neįkvėpė jiems gyvybės alsavimo kaip žmogui, todėl gyvuliai turi tik kūną ir sielą. Taip pat jie turi atminties mechanizmą smegenyse ir atsimena, ką matė ir girdėjo savo gyvenime. Tačiau neturėdami dvasios jie neturi dvasinės širdies. Tik tai, ką jie mato ir girdi, išlieka jų atmintyje.

Mokytojo knygoje 3, 21 parašyta: „Kas žino, ar žmogaus gyvybės alsavimas kyla aukštyn, ar gyvulio gyvybės alsavimas leidžiasi žemyn, į žemę? Čia paminėtas žmogaus gyvybės alsavimas reiškia žmogaus sielą, nes Senojo Testamento laikais iki Jėzaus atėjimo į šią žemę, žmonių dvasia buvo mirusi. Todėl apie išgelbėtuosius ir pražuvusiuosius, kai jie numirdavo, sakydavo, kad jų alsavimas arba siela paliko juos. Sielos kilimas aukštyn reiškia, kad ji neišnyksta, bet eina į dangų arba pragarą. Kita vertus, gyvulio siela leidžiasi į žemę, tai reiškia, kad ji išnyksta. Gyvuliams nugaišus, smegenų ląstelės miršta, ir jų turinys išnyksta. Jų sielos egzistencija baigiasi. Legendose ir padavimuose juodos katės arba gyvatės keršija žmonėms, bet tai netiesa.

Gyvuliai turi sielą, jos veikimas apribotas būtinomis išlikimui savybėmis – instinktais. Jie instinktyviai bijo mirties. Jie priešinasi arba rodo baimę, grėsmei iškilus, bet niekada nekeršija. Gyvūnai neturi dvasios, todėl neieško Dievo. Ar žuvys plaukiodamos galvoja, kaip susitikti su Dievu? Tačiau žmogaus sielos veikimas visiškai kitoks, daug sudėtingesnis negu gyvulių. Žmonės geba mąstyti ne tik instinktyviomis mintimis apie išlikimą. Jie kuria civilizacijas, galvoja apie gyvenimo prasmę, filosofiją ir religiją.

Žmonių sielos veikimas yra aukštesnio lygio, nes be kūno ir sielos jie apdovanoti dvasia. Net netikintys Dievu žmonės turi dvasią, todėl miglotai jaučia dvasinę karalystę ir pomirtinio gyvenimo baimę. Turėdami negyvą dvasią jie visiškai paklūsta savo sielai. Sielos valdomi jie daro nuodėmes ir galų gale atsiduria pragare.

Sielinis žmogus

Sukurtas Adomas buvo dvasinė būtybė, bendraujanti su Dievu. Adomo dvasia buvo jo valdovas, o siela kaip tarnas klausė dvasios. Žinoma, net tada siela turėjo atmintį ir galėjo galvoti, bet neturėdama neteisingų ir piktų minčių klausė Dievo žodžiui paklusnios dvasios nurodymų.

Tačiau Adomui paragavus gero ir pikto pažinimo medžio vaisiaus, jo dvasia numirė, jis tapo šėtono valdomu sieliniu žmogumi. Jis pradėjo galvoti ir daryti netiesą. Žmonės vis labiau tolinosi nuo tiesos, nes šėtonas valdė jų sielą ir vedė netiesos keliu. Sielinių žmonių dvasia yra mirusi, jie negali gauti jokio dvasinio pažinimo iš Dievo.

Sieliniai žmonės, kurių dvasia negyva, nepriima išgelbėjimo. Taip atsitiko su Ananijumi ir Sapfyra ankstyvojoje bažnyčioje. Jie tikėjo Dievu, bet neturėjo tikro tikėjimo. Šėtonas sugundė juos meluoti Šventajai Dvasiai ir Dievui. Kuo tai baigėsi?

Apaštalų darbuose 5, 4-5 parašyta: „Juk tu pamelavai ne žmonėms, bet Dievui' Išgirdęs tuos žodžius, Ananijas sukniubo ir mirė. Didi baimė pagavo visus tai girdėjusius." Galime numanyti, kad jis nebuvo išgelbėtas. Steponas, priešingai, buvo dvasinis žmogus, paklūstantis Dievo valiai. Jis turėjo tiek meilės, kad meldėsi už žmones, užmušusius jį akmenimis. Jis atidavė savo dvasią į Viešpaties rankas, mirdamas kankinio mirtimi.

Apaštalų darbai 7, 59 sako: „Taip jie mušė akmenimis Steponą, o jis šaukė: ‚Viešpatie Jėzau, priimk mano dvasią!'" Jis gavo Šventąją Dvasią, priimdamas Jėzų Kristų, jo dvasia atgijo, ir jis meldėsi: „Priimk mano dvasią!" Tai reiškia, kad jis buvo išganytas. Vienoje Biblijos vietoje pasakyta „gyvastis" vietoje sielos ar dvasios. Kai Elijas atgaivino mirusį našlės iš Sarepto vaiką, parašyta, kad vaiko gyvybė sugrįžo į jį. „VIEŠPATS išgirdo Elijo maldavimą, vaiko gyvastis sugrįžo į jį, ir jis atgijo" (Karalių pirma knyga 17, 22).

Kaip minėjau, Senojo Testamento laikais žmonės negaudavo Šventosios Dvasios, ir jų dvasia negalėjo atgyti. Todėl Biblija nesako „dvasia", nors vaikas buvo išgelbėtas.

Kodėl Dievas įsakė sunaikinti visus amalekitus?

Kai Izraelio sūnus išėjo iš Egipto ir keliavo į Kanaaną, amalekitų kariuomenė pastojo jiems kelią. Jie nebijojo Dievo, kuris buvo su Izraelio sūnumis, nors buvo girdėję apie didžius Dievo darbus Egipte. Jie iš užnugario užpuolė izraelitų atsilikusiuosius, nusilpusius ir pavargusius (Pakartoto Įstatymo knyga 25, 17-18).

Dėl to Dievas įsakė karaliui Sauliui sunaikinti visus amalekitus (Samuelio pirma knyga, 15 skyrius). Dievas įsakė jam nužudyti visus vyrus, moteris ir vaikus, jaunus ir senus, net jų galvijus.

Nežinodami tiesos apie dvasią, negalime suprasti šio įsakymo ir klausiame: „Dievas gera, Jis yra meilė. Kodėl Jis įsakė žiauriai išžudyti žmones kaip gyvulius?"

Tačiau žinodami šio įvykio dvasinę svarbą, suprantame, kodėl Dievas tai įsakė. Gyvuliai turi atmintį, jie išmoksta klausyti savo šeimininkų. Tačiau neturėdami dvasios po mirties jie pavirsta dulkėmis. Jie neturi vertės Dievo akyse. Panašiai ir žmonės, kurių dvasia negyva, negalintys būti išgelbėti ir eisiantys į pragarą, Dievui neturi vertės kaip ir bedvasiai gyvuliai.

Amalekitai buvo ypač klastingi ir žiaurūs. Jie neketino atgailauti, kad ir kiek laiko būtų jiems duota. Jeigu jų tarpe būtų buvęs nors vienas teisusis ar galintis atgailauti ir palikti savo kelius, Dievas būtų stengęsis išgelbėti juos visomis galimomis priemonėmis. Prisiminkime Dievo pažadą nesunaikinti nuodėmėse skendėjusių Sodomos ir Gomoros, jeigu ten ras bent dešimt teisiųjų.

Dievas kupinas gailestingumo ir lėtas rūstintis, bet amalekitai, neturėjo jokių galimybių išsigelbėti, kad ir kiek laiko jiems būtų duota. Jie buvo ne kviečiai, bet pelai, kurie bus sunaikinti. Todėl Dievas liepė sunaikinti visus amalekitus, kurie sukilo prieš Dievą.

Mokytojo knyga 3, 18 sako: „Tada apie žmones širdyje sau tariau: ‚Tai Dievas juos ištirs ir parodys, kad viduje jie tik gyvuliai.'" Dievas išbandė juos, ir jie nesiskyrė nuo gyvulių. Tie, kurių dvasios mirę, gyvi tik siela ir kūnu, todėl elgiasi kaip gyvuliai. Žinoma, šiandien nuodėmėse skendinčiame pasaulyje, yra daug žmonių, blogesnių net už žvėris. Žinoma, jie negali būti išgelbėti. Viena vertus, gyvuliai nugaišta ir išnyksta. Kita vertus, neišgelbėti žmonės eina į pragarą. Jie daug blogesni už gyvulius.

2. Sielos veikimas fizinėje erdvėje

Pirmais žmogus vadovavosi dvasia, bet Adomui nusidėjus, jo dvasia numirė. Dvasinė energija ėmė sekti, ją pakeitė kūniška energija. Nuo to laiko prasidėjo netiesai priklausančios sielos veikimas.

Sielos veikimas būna dvejopas. Vienas priklauso nuo kūno, o kitas nuo dvasios. Kai Adomas buvo gyva dvasia, jis priėmė tik tiesą tiesiogiai iš Dievo. Jo sielos veikimas priklausė tik nuo dvasios. Sielos veiksmai buvo pagrįsti tiesa. Tačiau po jo dvasios mirties, prasidėjo priklausantis nuo netiesos sielos veikimas.

Evangelijoje pagal Luką 4, 6 parašyta: „[Velnias] tarė: ,Duosiu tau visą jų valdžią ir didybę; jos man atiduotos, ir kam noriu, tam jas dovanoju.'" Šiais žodžiais velnias gundė Jėzų. Velnias sakė, kad valdžia jam atiduota, iš pradžių jis neturėjo jos. Adomas buvo sukurtas viešpatauti visai kūrinijai, bet tapo velnio vergu, pasidavęs nuodėmei. Todėl Adomo valdžia buvo atiduota velniui ir šėtonui. Sielai tapus žmonių šeimininke, visi žmonės pateko į priešo velnio ir šėtono valdžią.

Šėtonas neturi valdžios žmogaus dvasiai ir teisiai širdžiai. Jis valdo žmonių sielą, kad pavergtų jų širdį. Šėtonas siunčia įvairius melus į žmonių mintis. Kiek jis užvaldo žmonių sielą, tiek užvaldo ir širdį.

Kai Adomas buvo gyva dvasia, jis pažinojo tik tiesą, todėl visa širdis buvo jo dvasia. Tačiau ryšiui su Dievu nutrūkus, jis nebegalėjo būti aprūpintas tiesos pažinimu ir dvasine energija. Vietoj to, jis priėmė netiesą, kurią šėtonas parūpino per sielą. Šis netiesos pažinimas skiepijo melą žmonių širdyje.

Palaužkite kūnišką sielos veikimą

Ar esate grubiai pasakę ar padarę ką nors, ko galvojote tikrai negalintys pasakyti ar padaryti? Taip atsitinka todėl, kad siela valdo žmones. Kadangi siela yra užgožusi dvasią, ji gali būti aktyvi tik tada, kai mes palaužiame kūnišką sielos veikimą. Kaip mums nutraukti kūniškus sielos veiksmus? Svarbiausia pripažinti faktą, kad mūsų pažinimas ir idėjos yra neteisingi. Tik paskui būsime pasiruošę priimti Tiesos žodį, kitokį negu mūsų idėjos.

Jėzus kalbėjo palyginimais, kad sugriautų žmonių klaidingus įsivaizdavimus (Evangelija pagal Matą 13, 34). Jie negalėjo suprasti dvasinių dalykų, nes siela buvo nustelbusi jų gyvybės sėklą, todėl Jėzus stengėsi, kad jie suprastų palyginimus, paimtus iš šio pasaulio. Tačiau nei fariziejai, nei Jo mokiniai nesuprato Jo. Jie viską aiškinosi pagal savo įsišaknijusių idėjų ir neteisingų kūniškų minčių standartus, todėl nesuprato nieko dvasiško.

Tų laikų įstatymo vykdytojai smerkė Jėzų už ligonio išgydymą šabo dieną. Sveiku protu pagalvojus, aišku, kad Jėzus yra žmogus, pripažintas ir mylimas Dievo, nes Jėzus parodė turįs galią, kokią turi tik Dievas. Tačiau įstatymo vykdytojai nesuprato Dievo širdies, nes jiems trukdė jų proto rėmai ir vyresniųjų tradicijos. Jėzus parodė jiems, kad jų idėjos ir įsivaizdavimai yra klaidingi.

Evangelijoje pagal Luką 13, 15-16 parašyta: „Viešpats jam atsakė: ‚Veidmainiai! Argi kas iš jūsų neatriša šabo dieną nuo ėdžių savo jaučio ar asilo ir nenuveda pagirdyti?! Argi šios Abraomo dukters, kurią šėtonas laikė sukaustęs jau aštuoniolika metų, nereikėjo išvaduoti iš pančių šabo dieną?'"

Kai Jis tai pasakė, Jo priešininkai buvo pažeminti, ir žmonių minios džiaugėsi Jo padarytais didingais darbais. Iš tikrųjų jie turėjo progą pamatyti klaidingus savo proto rėmus. Jėzus stengėsi sugriauti sustabarėjusią žmonių mąstyseną, nes jie pajėgia atverti savo širdį, tik sugriovus jų žmogiškų minčių tvirtovę.

Apreiškime Jonui 3, 20 parašyta:

Štai aš stoviu prie durų ir beldžiuosi: jei kas išgirs mano balsą ir atvers duris, aš pas jį užeisiu ir vakarieniausiu su juo, o jis su manimi..

Šioje eilutėje durys simbolizuoja minčių vartus, sielą. Viešpats beldžiasi į mūsų minčių vartus Tiesos žodžiu. Jeigu mes atveriame savo minčių duris, pralaužiame savo sielą ir priimame Viešpaties žodį, mūsų širdies durys atsidaro. Kai Jo žodis ateina į mūsų širdį, mes pradedame vykdyti Dievo žodį. Tai vakarieniavimas su Viešpačiu. Jeigu priimame Jo žodį, tardami „amen", net kai Jo žodis prieštarauja mūsų mintims ir teorijoms, mes palaužiame netiesa pagrįstą sielos veikimą.

Pirma turime atverti savo minčių, paskui savo širdies duris, kad evangelija pasiektų gyvybės sėklą, užgožtą žmogaus sielos. Tai labai panašu į svečio apsilankymą namuose. Svečiui atėjus, šeimininkas turi atidaryti lauko, o paskui svetainės duris.

Kūniškas sielos veikimas gali būti palaužtas įvairiais būdais. Vienų žmonių minčių ir širdies durys atsiveria evangelijai, išgirdus logišką paaiškinimą, kitų – pamačius Dievo galią arba klausant gerų alegorijų ir palyginimų. Mes turime nuolat kovoti su netiesa pagrįstu sielos veikimu, kad augtume tikėjime, priėmę evangeliją. Daug tikinčiųjų neauga tikėjimu ir dvasia todėl, kad netęsia dvasinio pažinimo dėl kūniško sielos veikimo.

Atminties sandara

Norėdami, kad mūsų siela tinkamai veiktų, turime žinoti, kaip informacija išlieka mūsų atmintyje. Kartais ką nors pamatę ir išgirdę vėliau beveik nieko neprisimename. Tačiau kai ką prisimename labai aiškiai ir nepamirštame net po ilgo laiko. Šis skirtumas priklauso nuo būdo, kuriuo informacija patenka į atmintį.

Pirmas duomenų patekimo į atmintį būdas yra nedėmesingas pastebėjimas. Mes ką nors girdime ar matome, bet visai nekreipiame dėmesio. Tarkime, jūs važiuojate į savo gimtąjį miestą traukiniu. Matote kviečių ir kitų javų laukus, bet jums rūpi visai kiti dalykai, ir atvykę neprisimenate, ką matėte važiuodami. Taip pat ir mokiniai, užsisvajoję pamokos metu, neprisimena, apie ką buvo pamoka.

Antras būdas yra atsitiktinis įsiminimas. Kai matote kviečių laukus už lango, prisimenate savo tėvus. Galvojate apie savo tėvą, dirbantį žemę, ir vėliau neaiškiai prisimenate, ką matėte. Mokiniai pamokoje taip pat gali po pamokos prisiminti, apie ką kalbėjo mokytojas, bet viską pamiršti po kelių dienų.

Trečias būdas – įsidėjimas į atmintį. Žemdirbys, pamatęs javų laukus, įsidėmi tai, ką mato. Jis atidžiai žiūri, kaip prižiūrėti laukai arba kaip pastatyti šiltnamiai, kad pasinaudotų tuo, kas jam naudinga. Kai sukaupi dėmesį, įsidedi duomenis į atmintį, kad nepamirštum. Kai mokytojas pasako, kad po pamokos bus kontrolinis darbas, mokiniai dažniausiai stengiasi susikaupti ir gerai išmokti pamoką. Tokios rūšies prisiminimai išlieka ilgiau negu ankstesnieji.

Ketvirtas būdas – įsidėjimas į atmintį ir širdį. Tarkime, jūs žiūrite liūdną filmą. Jūs susitapatinate su aktoriumi ir taip įsijaučiate į pasakojamą istoriją, kad graudžiai pravirstate. Šiuo atveju istorija įstringa ne tik jūsų atmintyje, bet ir širdyje. Ji užvaldo jūsų širdies jausmus ir įsirašo smegenų ląstelėse. Tai, ką įsidedame giliai į atmintį ir širdį, lieka ilgam, jeigu smegenys nebūna pažeistos. Net pažeidus jas, širdies prisiminimai lieka.

Jei mažas vaikas pamatytų savo mamos mirtį avarijoje, jis būtų baisiai sukrėstas! Širdgėla pervertų jo širdį. Šis įvykis giliai įstrigtų jo atmintyje ir širdyje, jam būtų sunku jį pamiršti. Jei gerai suprasime keturis įsiminimo būdus, lengviau valdysime sielos veikimą.

Dalykai, kuriuos norite pamiršti, bet nuolat prisimenate

Kartais nuolat prisimename dalykus, kurių nenorime prisiminti. Kodėl? Todėl, kad jie įrašyti smegenyse ir širdyje kartu su jausmais.

Tarkime, tu ko nors nekenti. Kai pagalvoji apie jį, kenti nuo savo neapykantos. Tokiu atveju pirma turi galvoti apie Dievo žodį. Dievas liepė mylėti savo priešus, Jėzus meldė atleidimo tiems, kas jie nukryžiavo. Dievui reikia mūsų geros ir mylinčios širdies, todėl turime išrauti iš širdies priešo velnio ir šėtono įbruktą netiesą.

Galvodami apie pagrindinę priežastį dažniausiai suprantame, kad nekenčiame kitų dėl smulkmenų ir nepaklūstame Dievo žodžiui, ypač paskaitę Pirmojo laiško korintiečiams 13-ąjį skyrių, sakantį, kad turime ieškoti kitų naudos, būti švelnūs ir suprasti kitus. Kai suprantame, kad elgiamės neteisingai, neapykanta mūsų širdyje ima palaipsniui tirpti. Jei visų pirma jaučiame ir priimame į savo vidų gerumą, neturime kentėti nuo piktų minčių. Net jei kiti padaro tai, kas tau nepatinka, tu nejauti jiems neapykantos, jeigu įsileidi gerus jausmus ir galvoji, kad jie turėjo priežastį taip pasielgti.

Turime žinoti, kaip elgtis su atmintyje esančia netiesa

Ką daryti su mūsų atmintyje įstrigusia netiesa ir neteisingais jausmais?

Jei kas nors yra pasėta giliai širdyje, tu prisiminsi tai net stengdamasis neprisiminti. Tokiu atveju turime pakeisti su prisiminu susijusius jausmus. Užuot stengęsis negalvoti apie tai, pakeisk mintis. Pavyzdžiui, tu gali imti kitaip galvoti apie žmogų, kurio nekenti. Pradedi įsivaizduoti save jo vietoje ir supranti, kodėl jis taip pasielgė.

Taip pat gali galvoto apie jo gerąsias savybes ir melstis už jį. Bandyk klabėti su juo draugiškai ir šiltai, padovanok jam kuklių dovanėlių, rodyk meilės darbus, ir neapykanta pavirs meile. Tu nebekentėsi, pagalvojęs apie jį.

Prieš priimdamas Viešpatį, septynerius metus gulėdamas ligos patale, aš neapkenčiau daugelio žmonių. Aš neturėjau vaistų ir jokios gyvenimo vilties. Tik skola nuolat augo, ir mano šeima buvo prie pat bankroto ribos. Mano žmona turėjo uždirbti pragyvenimui, o giminaičiai vengė mano šeimos, nes mes buvome jiems našta.

Mano broliai taip pat buvo silpnos sveikatos. Tuo metu galvojau tik apie savo sunkią padėtį ir neapkenčiau jų už tai, kad mane paliko. Laikiau pagiežą savo žmonai, nes ji dažnai išvykdavo, ir jos giminėms, kurie įžeidė mane šiurkščiais žodžiais. Matydavau juos žiūrinčius į mane su panieka, ir mano neapykanta su pagieža vis augo, bet vieną dieną visos mano nuoskaudos ir neapykanta dingo.

Kai aš priėmiau Viešpatį ir klausiau Dievo žodžio, supratau savo kaltę. Dievas liepė mums mylėti net priešus ir atidavė savo viengimį Sūnų, sutikusį tapti atpirkimo auka už mus. Koks baisus žmogus aš buvau, drįsdamas nekęsti kitų ir laikyti pagiežą! Pradėjau galvoti, remdamasis jų nuomone. Įsivaizdavau, kad turiu seserį, ištekėjusią už nieko nesugebančio vyro. Ji turi sunkiai dirbti, kad pragyventų. Ką aš galvočiau apie tokią padėtį? Kai įsigilinau į jų požiūrį, supratau juos ir man metamus kaltinimus.

Kai pakeičiau savo mąstymą, buvau labai dėkingas savo žmonos giminėms. Kartais jie sušelpdavo mus ryžiais ir kitais būtinais daiktais, ir aš pajutau dėkingumą. Tais sunkiais laikais aš priėmiau Viešpatį ir sužinojau apie dangų, už tai taip pat buvau dėkingas. Kai pakeičiau savo mąstymą, buvau dėkingas už tai, kad susirgau ir susipažinau su savo žmona. Visa mano neapykanta pavirto meile.

Priklausančios nuo netiesos sielos veikimas

Jei tavo sielos veikimas priklauso nuo netiesos, gali pakenkti ne tik sau, bet ir aplinkiniams. Apžvelkime dažniausius priklausančios nuo netiesos sielos veikimo aspektus, su kuriais susiduriame kasdieniniame gyvenime.

Pirmas aspektas: neteisingas kitų supratimas, negalėjimas jų suprasti ir priimti.

Žmonės išsiugdo skirtingus skonius, vertybes ir teisingumo sampratas. Vieniems patinka puikūs, unikalūs drabužių modeliai, kiti renkasi paprastus ir dailius rūbus. Net tas pats filmas vieniems būna įdomus, o kitiems nuobodus.

Dėl šių skirtumų nejaukiai pasijuntame prie žmonių, kurie labai skiriasi nuo mūsų, ir net nepastebime to. Vienas žmogus linkęs bendrauti yra atviro būdo ir tiesiai sako, kas jam patinka ir kas nepatinka. Kitas nelabai moka išreikšti jausmus ir jam reikia daug laiko ką nors nuspręsti, nes stengiasi apgalvoti visas galimybes. Viena vertus, pirmajam antrasis atrodo lėtas ir nepakankami guvaus proto. Kita vertus, antrajam pirmasis atrodo neapdairus ir truputį agresyvus, todėl jam norisi laikytis atokiau.

Jeigu negali suprasti ir priimti kitų, tavo sielos veikimas priklauso nuo netiesos. Jei mums priimtina tik tai, kas mums patinka, ir galvojame, kad mūsų požiūris yra teisingas, mes negalime kitų suprasti ir priimti.

Antras aspektas: teisimas.

Teisimas yra išvadų darymas apie kokį nors žmogų ar dalyką, remiantis mūsų mąstymo ir jausmų šablonais. Kai kuriose šalyse labai nemandagu išsišnypšti nosį prie stalo, kitose tai visiškai normalu. Vienose šalyse nekultūringa palikti maisto lėkštėje, kitose tai mandagumo ženklas.

Vienas žmogus, pamatęs kitą valgantį rankomis, pasakė, kad taip valgyti nehigieniška. Perspėtasis atsakė: „Aš plaunu rankas ir žinau, kad tai higieniška. Tačiau aš nežinau, ar ši šakutė ir peilis yra labai švarūs. Valgyti rankomis labiau higieniška." Priklausomai nuo aplinkos, kurioje augome, ir to, ko išmokome, mūsų jausmai ir mintys būna skirtingi, net atsidūrus toje pačioje situacijoje. Todėl neturime spręsti, kas teisus ir kas klysta, pagal žmonių standartus, nes jie nėra tiesa.

Kai kurie teisia, galvodami, kad elgiasi taip kaip jie. Melagiai galvoja, kad ir kiti meluoja. Mėgstantieji apkalbėti galvoja, kad ir kiti daro tą patį.

Tarkime, jūs pamatote vyrą ir moterį, stovinčius greta viešbutyje. Galite nuteisti juos mintimis, galvodamas: „Turbūt jie buvo viešbutyje kartu. Jie kažkaip ypatingai žiūri vienas į kitą."

Tačiau jūs tikrai nežinote, ar tas vyras ir moteris kalbėjosi kavinėje, ar netikėtai susidūrė gatvėje. Jeigu nuteisite juos ir perduosite savo įtarimus kitiems, tie žmonės gali patirti daug nemalonumų ir net labai nukentėti nuo melagingų gandų.

Nesusiję su klausimais atsakymai taip pat kyla iš teisimo. Jei paklausi dažnai vėluojančio į darbą žmogaus: „Kada tu šiandien atėjai?", jis atsako: „Šiandien aš nepavėlavau." Tu tik paklausei, kada jis atėjo, bet nutaręs, kad jį teisi, jis atsakė ne į tavo klausimą.

Pirmame laiške korintiečiams 4, 5 parašyta: „Tad neteiskite ko nors prieš laiką, iki ateis Viešpats, kuris nušvies, kas tamsoje paslėpta, ir atskleis širdžių sumanymus. Tuomet kiekvienam teks pagyrimas iš Dievo."

Pasaulyje labai daug teisimo ir smerkimo ne tik individualiu, bet ir šeimų, visuomenių, politikos ir net šalių mastais. Toks piktavališkumas atneša tik nesantaiką ir nelaimes. Žmonės gyvena teisdami kitus, net nesuprasdami to. Žinoma, kartais jų teisimas būna teisingas, bet dažniausiai ne. Net jeigu jie teisūs, teisimas yra Dievo uždrausta blogybė, todėl turime nieko neteisti.

Trečias aspektas: smerkimas.

Žmonės ne tik teisia, bet smerkia kitus savo protu. Kartais žmonės patiria didelių sielos kančių dėl priešiškų komentarų apie juos internete. Teisimas ir smerkimas yra įprasti mūsų kasdieniniame gyvenime. Jeigu pažįstamas žmogus praeina pro šalį nepasisveikinęs, tu pasmerki jį, manydamas, kad jis tyčia ignoruoja tave. Gal jis neatpažino tavęs arba buvo pasinėręs į savo mintis, bet tu jau pasmerkei jį savo jausmais.

Todėl Jokūbo laiškas 4, 11-12 įspėja:

Broliai, neapkalbinėkite vieni kitų! Kas apkalbinėja arba teisia savo brolį, tas apkalbinėja ir teisia įstatymą. O jeigu tu teisi įstatymą, vadinasi, esi ne įstatymo vykdytojas, bet teisėjas. Tačiau tėra vienintelis įstatymo leidėjas ir teisėjas, būtent tas, kuris gali išgelbėti ir pražudyti. O kas gi tu toks, kad teistum artimą?!

Kitų teisimas yra puikybė ir kėsinimasis į Dievo vaidmenį. Tokie žmonės jau pasmerkė save. Dar didesnė bėda yra dvasinių dalykų teisimas ir smerkimas. Kai kurie žmonės teisia ir smerkia galingus Dievo darbus ir apvaizdą savo pagal savo proto ir pažinimo standartus.

Jeigu kas nors pasako: „Malda išgydė mane nuo neišgydomos ligos!", geros širdies žmonės tiki juo. Tačiau kiti teisia jį, galvodami: „Kaip malda gali išgydyti ligą? Turbūt diagnozė buvo neteisinga arba jis tik galvoja, kad pasveiko." Dar kiti gali pasmerkti jį, sakydami, kad jis meluoja. Žmonės teisia ir smerkia net Biblijos pasakojimus apie Raudonosios jūros perskyrimą, saulės ir mėnulio sustojimą ir kartaus vandens virtimą saldžiu, sakydami, kad tai tik legendos.

Kai kas sako, kad tiki į Dievą, bet teisia ir smerkia Šventosios Dvasios darbus. Jei žmogus sako, kad jam atsivėrė dvasinės akys ir jis mato dvasinę karalystę ir bendrauja su Dievu, jie neapgalvotai pareiškia, kad jis pasiklydęs, ir vadina tai misticizmu. Tokie įvykiai yra aiškiai aprašyti Biblijoje, bet jie smerkia juos, vadovaudamiesi savo asmeniniais įsitikinimais.

Tokių žmonių buvo daug ir Jėzaus laikais. Kai Jėzus išgydė ligonį šabo dieną, jie turėjo pripažinti faktą, kad Dievo galia pasireiškė per Jėzų. Jeigu tai būtų ne Dievo valia, šis stebuklas nebūtų įvykęs per Jėzų. Tačiau fariziejai teisė ir smerkė Jėzų, Dievo Sūnų, vadovaudamiesi savo supratimais ir mąstymo standartais. Dievo darbų teisimas ir smerkimas, net nelabai gerai pažįstant tiesą, yra sunki nuodėmė. Turite būti labai atsargūs, nes neturėsite galimybės atgailauti, jeigu kovosite su Dievo Dvasia, kalbėsite, teisdami ir smerkdami Jos darbus arba piktžodžiausite Šventajai Dvasiai.

Ketvirtas: ydingas arba klaidingas žinios perdavimas.

Kai perteikiame kokią nors žinią, esame linkę pridėti savo jausmų ir minčių, todėl iškraipome žinią. Net jeigu žodis žodin atpasakojame žinią, veido išraiška ir balso tonas gali iškreipti tikrąją žinios prasmę. Pavyzdžiui, net pašaukdami kokį nors žmogų žodžiu „ei!" galime ištarti žodį draugiškai ir švelniai arba grubiu ir piktu balsu, suteikiančiu šiam žodžiui visai kitą prasmę. Tuo labiau, jeigu perduodame ne tuos pačius žodžius, bet atpasakojame žinią savais žodžiais, dažnai iškraipome tikrąją žinios prasmę.

Kasdieniniame gyvenime daug tokių pavyzdžių, mes perdedame arba sutrumpiname tai, kas buvo pasakyta. Kartais „Ar tai tiesa?" pavirsta „Tai tiesa, ar ne?", o „Mes planuojame" arba „Mes ketiname tai daryti" pavirsta „Atrodo, kad mes tai darysime".

Kai mūsų širdys pripildytos tiesa, mes neiškraipome faktų savo minčių šablonais. Mes tiksliau perduodame žinias, atsikratydami pikto savo širdyse ir ydingų bruožų: savo naudos siekimo, nesistengimo teisingai žinią, skubėjimo teisti ir kitų apkalbinėjimo. Evangelijoje pagal Joną nuo 21-o skyriaus 18-os eilutės Viešpats Jėzus kalba apie Petro kankinystę: „Iš tiesų, iš tiesų sakau tau: kai buvai jaunas, pats susijuosdavai ir vaikščiojai, kur norėjai. O pasenęs tu ištiesi rankas; kitas tave perjuos ir ves, kur nenori."

Tuomet Petras susidomėjo Jono likimu ir paklausė: „Viešpatie, o kas šitam bus?" (21-a eilutė) Jėzus atsakė: „Jei aš noriu, kad jis pasiliktų, kolei ateisiu, kas gi tau? Tu sek paskui mane!" (22-a eilutė) Ir kaip ši žinia buvo perduota kitiems mokiniams?

Biblijoje parašyta, kad jie sakė, jog tas mokinys nemirs. Jėzus pasakė, kad ne Petro reikalas rūpintis Jono likimu, net jei pastarasis gyventų iki Viešpaties sugrįžimo. Tačiau mokiniai perdavė klaidingą žinią, pridėję savo minčių.

Penktas: blogi jausmai ir nuoskaudos

Mes turime kūniškų, blogų jausmų – nusiviliame, kenčiame nuo puikybės, pavydime, supykstame, ir priešiškai nusiteikiame, iš to kyla netiesa pagrįstas sielos veikimas. Skirtingai reaguojame net į tą patį žodį dėl savo jausmų.

Tarkime, bendrovės viršininkas pasako savo darbuotojui: „Gal galėtum labiau pasistengti?" ir parodo, kur jis suklydo. Daug kas, būdamas darbuotojo vietoje, nuolankiai priimtų pastabą ir atsakytų: „Taip, kitą kartą tikrai labiau pasistengsiu." Tačiau nepatenkinti savo viršininku žmonės įsileidžia nuoskaudą ir pagiežą dėl kiekvienos pastabos. Jie galvoja: „Kaip galima taip blogai kalbėti? Jis pats dorai nieko nemoka."

Tarkime, viršininkas jums pataria: „Manau, geriau šitaip pataisyti šią detalę." Kai kurie iš jūsų atsakytų: „Gera mintis, ačiū už patarimą" ir atsižvelgtų į pasiūlymą, bet kiti pasijustų nesmagiai, nes jų puikybė nukentėtų. Neigiamų jausmų užvaldyti jie pagalvotų: „Aš taip stengiausi gerai atlikti šį darbą, ko jis kabinėjasi? Jeigu toks gudrus, kodėl pats nepadaro?"

Evangelijoje pagal Matą 16, 23 pasakoja, kaip Jėzus subarė Petrą. Jėzaus mirties ant kryžiaus laikui artinantis, Jis pasakė savo mokiniams, kas Jo laukia. Petras, nenorėdamas, kad jo Mokytojas taip baisiai kentėtų, tarė: „Nieku gyvu, Viešpatie, tau neturi taip atsitikti!" (22-a eilutė).

Jėzus nebadė paguosti jo, sakydamas: „Žinau, ką tu jauti. Ačiū tau, bet toks mano likimas." Užuot guodęs, Jis griežtai subarė jį: „Eik šalin, šėtone! Tu man papiktinimas, nes mąstai ne Dievo, o žmonių mintimis" (23-a eilutė).

Vienintelis nusidėjėlių išganymo kelias yra Jėzaus baisi mirtis ant kryžiaus, todėl bandymas jos neleisti buvo priešinimasis amžinajam Dievo planui, bet Petras neturėjo blogų jausmų ir priekaištų Jėzui, nes tikėjo, kad viskas, ką Jėzus sako, turi svarbią prasmę. Turėdamas tokią gerą širdį Petras vėliau tapo apaštalu ir darė galingus Dievo darbus.

Kita vertus, kas atsitiko Judui Iskarijotui? Evangelijos pagal Matą 26-ame skyriuje Marija iš Betanijos išpylė ant Jėzaus indą labai brangaus aliejaus. Judas galvojo, kad tai turto eikvojimas. Jis pasakę: „Juk buvo galima aliejų brangiai parduoti ir išdalyti pinigus vargšams" (9-a eilutė), bet iš tiesų norėjo pavogti pinigus.

Jėzus pagyrė Mariją už tai, kad vedama Dievo apvaizdos ji paruošė Jį laidojimui. Tačiau vis tiek Judas turėjo blogų jausmų ir priekaištų Jėzui už tai, kad Jis nepritarė jo pastabai. Galiausiai jis padarė didžiulę nuodėmę – suplanavo niekšybę ir išdavė Jėzų.

Šiandien daugybės žmonių siela veikia, vadovaudamasi netiesa. Net kai ką nors matome, mūsų siela nesiima veiksmų, kol mes neįsileidžiame jausmų apie tai, ką regime. Kai mes ką nors pamatome, turime apsiriboti matymu. Neturime mintimis teisti ir smerkti to reginio, nes tai nuodėmė. Kad išsilaikytume tiesoje, geriau nematyti ir negirdėti netiesos. Tačiau net susidūrę su netiesa, galime išlikti gerume, jeigu mūsų mintys ir jausmai bus geri.

3. Tamsa

Šėtonas turi tą pačią tamsos galią kaip Liuciferis ir kursto piktybę žmonių mintyse, širdyse ir veiksmuose.

Tiesą sakant, tai piktosios dvasios verčia mūsų sielą veikti, vadovaujantis netiesa. Dievas leido gyvuoti piktųjų dvasių pasauliui, kad panaudotų jį žmonijos ugdymui. Jos turi valdžią ore, kol vyksta žmonijos ugdymas. Laiškas efeziečiams 2, 2 sako:

„...kuriuose kadaise gyvenote, laikydamiesi šio pasaulio papročių, paklusdami kunigaikščiui, viešpataujančiam ore, dvasiai, veikiančiai neklusnumo vaikuose."

Dievas leido joms valdyti tamsos srautą, kol ateis laikas, kada Dievas užbaigs žmonijos ugdymą.

Tamsai priklausančios piktosios dvasios apgauna žmones, verčia daryti nuodėmes ir sukilti prieš Dievą. Jos turi griežtą hierarchiją. Valdovas Liuciferis kontroliuoja tamsą, duoda įsakymus jam pavadžioms piktosioms dvasioms. Taip pat daug kitų būtybių tarnauja Liuciferiui. Tai daug jėgos turintys slibinai ir jų angelai (Apreiškimas Jonui 12, 7), šėtonas, velnias ir demonai.

Liuciferis, tamsos pasaulio valdovas

Liuciferis buvo moteriškas archangelas, šlovinęs Dievą puikiu balsu ir muzikos instrumentais. Turėdamas aukštas pareigas, didelę valdžią ir būdamas Dievo mylimas labai ilgą laiką, jis galiausiai išpuiko ir išdavė Dievą. Nuo to laiko jo nuostabaus grožio išvaizda pasidarė baisi.

Apreiškime Jonui 18, 7 parašyta: „Kiek ji puikavo ir lėbavo, tiek jai paruoškite kentėjimų ir nuliūdimo, nes ji savo širdyje kalba: 'Aš sėdžiu kaip karalienė, nesu našlė ir liūdesio nematysiu.'" Apreiškimas Jonui 19:2 sako: „...nes tikri ir teisingi jo nuosprendžiai! Jis nuteisė didžiąją ištvirkėlę, kuri sugadino žemę savo ištvirkavimu; jis atkeršijo už savo tarnų kraują, pralietą jos rankomis."

Aukščiau cituojamos eilutėse „didžioji ištvirkėlė" ir „karalienė" yra Liuciferis. Liuciferis turi moters savybes. Tai nereiškia, kad jis yra moteris biologine prasme. jis moteriškas tik savo išvaizda, jausmais, veiksmais ir kalbos maniera.

Galima pamanyti, kad Liuciferis yra vyriškas sutvėrimas, remiantis Izaijo knyga 14, 12: „Tai nupuolei iš dangaus, Aušrini , aušros sūnau! Kaip tave sukniubdė ant žemės, tave, kuris išguldei tautas!" Žodis „sūnau" čia nereiškia, kad Liuciferis yra vyras. Dievas niekada nevadina angelų sūnumis (Laiškas hebrajams 1, 5). Jeigu koks nors žmogus rūpestingai mums tarnauja, myli mus ir ištikimai dirba, mes elgiamės su juo kaip su savo vaiku, net nebūdami jo gimdytojais. Pastarąja prasme ir Dievas šioje Biblijos eilutėje vadina Liuciferį.

Šiandien žmonės, patys to nežinodami, mėgdžioja Liuciferį įmantriomis šukuosenomis ir iššaukiančiu makiažu. Liuciferis valdo žmonių protus ir mintis per populiarių meno srovių ir madų pasaulį. Ypač didelė Liuciferio įtaka jaučiama muzikos pasaulyje.

Jis taip pat skatina žmones nuodėmiauti ir nepaisyti įstatymų per modernius prietaisus, įskaitant kompiuterius. Jis sukursto piktus valstybių vadovus sukilti prieš Dievą. Kai kurios šalys oficialiai persekioja krikščionybę. Visa tai daroma, Liuciferiui skatinant ir kurstant.

Luciferis stengiasi įtraukti žmones į visokiausias burtininkavimo ir magijos formas, šamanai ir burtininkai garbina jį. Jis daro viską, kad nuvestų žmones į pragarą ir sukurstytų sukilti prieš Dievą.

Slibinai ir jų angelai

Slibinai vadovauja piktosioms dvasioms, Liuciferio valdomi. Žmonės galvoja, kad slibinas yra įsivaizduojamas žvėris, bet slibinai tikrai gyvena piktųjų dvasių pasaulyje, tik yra nematomi, nes jie yra dvasinės būtybės. Kaip daugelyje slibinų aprašymų, jie turi elnio ragus, demonų akis ir panašias į galvijų ausis. Jų oda padengta žvynais, jie kuri keturis kojas ir yra panašūs į gigantiškus roplius.

Slibinai buvo sukurti su ilgomis, gražiomis ir puošniomis plunksnomis. Jie supo Dievo sostą. Dievas mylėjo juos kaip naminius gyvūnus, jie nesitraukdavo nuo Dievo. Jie turėjo didelę galią ir valdžią, daug kerubų buvo jiems pavaldūs, bet kai jie kartu su Liuciferiu išdavė Dievą, jų angelai sugedo ir taip pat sukilo prieš Dievą. Šie angelai ir slibinai dabar turi baisių žvėrių išvaizdą. Jie turi valdžią ore ir veda žmones į nuodėmę ir piktybę.

Žinoma, Liuciferis yra piktųjų dvasių pasaulio viršūnėje, bet praktiškais sumetimas įgaliojo slibinus ir jų angelus kovoti su Dievui priklausančiomis dvasinėmis būtybėmis ir valdyti ore. Nuo senų senovės slibinai skatino žmones daryti ir garbinti slibinų atvaizdus. Šiandien kai kurios religijos atvirai dievina ir garbina slibinus, kurie valdo savo garbintojus.

Apreiškimas Jonui 12, 7-9 rašo apie slibiną ir jo angelus:

Ir užvirė danguje kova. Mykolas ir jo angelai kovojo su slibinu. Ir kovėsi slibinas ir jo angelai, bet jie pralaimėjo, ir nebeliko jiems vietos danguje. Taip buvo išmestas didysis slibinas, senoji gyvatė, vadinamas velniu ir šėtonu, kuris suvedžiodavo visą pasaulį. Jis buvo išmestas žemėn, ir kartu su juo buvo išmesti jo angelai.

Slibinai kursto piktus žmones per savo angelus. Tie pikti

žmonės daro baisius nusikaltimus, įskaitant žmogžudystes ir prekybą žmonėmis. Slibinų angelai turi žvėrių pavidalą ir, kaip mini Kunigų knyga, yra pasibjaurėtini Dievui. Blogis bus atskleistas įvairiose formose pagal žvėrių rūšis, nes joms būdingos skirtingos savybės: žiaurumas, klasta, nepadorumas arba palaidumas.

Liuciferis veikia per slibinus, kurie įsakinėja savo angelams. Jeigu palygintume su valstybe, Liuciferis būtų karalius, o slibinas – ministras pirmininkas arba kariuomenės vadas, valdantis ministrus ir karius. Slibinai negauna tiesioginio Liuciferio įsakymo kiekvienam veiksmui. Liuciferis įskiepijo savo mintis slibinams, ir jų veiksmai automatiškai sutampa su Liuciferio norais.

Šėtonas turi Liuciferio širdį ir galią

Piktosios dvasios daro poveikį žmonėms pagal pastarųjų širdies tamsą, bet iš pradžių ne demonai ir velnias provokuoja žmones. Šėtonas pirmas veikia žmones, paskui velnias ir pagaliau demonai. Paprasčiau tariant, šėtonas yra Liuciferio širdis. Jis dar neturi materialios formos, ir veikia per žmonių mintis. Šėtonas turi Liuciferio tamsos galią ir verčia žmones blogai galvoti bei pasiryžti piktiems darbams.

Šėtonas yra dvasinė būtybė (Jobo knyga 1, 6-7) ir veikia įvairiais būdais per tamsiąsias žmogaus savybes. Jis paveikia meluojančius melage dvasia (Karalių pirma knyga 22, 21-23). Jis siunčia klaidos dvasią tiems, kas neklauso apaštalų paskelbto mokymo (Jono pirmas laiškas 4, 6), o pamėgusiems nešvarius kūno darbus – netyrąją dvasią (Apreiškimas Jonui 18, 2).

Kaip minėjau, Liuciferis, slibinai ir šėtonas atlieka skirtingus vaidmenis ir turi skirtingus pavidalus, bet vieną nusistatymą, mąstymą ir galią – daryti pikta. Dabar aptarsime šėtono veikimą prieš žmones.

Šėtonas yra kaip radijo banga, sklindanti ore. Jis nuolat skleidžia ore savo mintis ir galią. Kaip radijo bangos priimamos reguliuojama antena, taip šėtono tamsios mintys ir galia priimamos atvirų joms žmonių. Pastaruoju atvejų antena yra netiesa ir tamsa žmonių širdyje.

Pavyzdžiui, neapykanta širdyje tampa antena, priimanti neapykantos bangas, šėtono skleidžiamas ore. Šėtonas įlieja tamsos galią į žmones per jų mintis, kai šėtono paskleistos tamsos bangos ir netiesos žmonių širdyse dažniai sutampa. Taip netiesa širdyje stiprėja ir aktyvėja. Paprastai sakome, kad tokie žmonės daro šėtono darbus ir girdi jo balsą.

Klausydami šėtono balso jie iš pradžių nusideda mintimis,

o paskui ir darbais. Leidę šėtonui sustiprinti jų piktą prigimtį, pavyzdžiui, neapykantą ar pavydą, žmonės pajunta norą kenkti kitiems. Stiprėdamas šis noras gali baigtis net žmogžudyste.

Šėtonas veikia minčių keliu

Žmogaus širdis turi tiesos ir netiesos. Kai priimame Jėzų Kristų ir tampame Dievo vaikais, Šventoji Dvasia ateina į mūsų širdį ir pažadina tiesą joje. Tai reiškia, kad mes girdime Šventosios Dvasios balsą giliai savo širdyje. Šėtonas, priešingai, puola iš išorės ir ieško kelio į žmonių širdį. Tas kelias yra žmonių mintys.

Žmonės priima tai, ką mato, girdi ir sužino kartu su jausmais, ir saugo šiuos prisiminimus visa tai prote ir širdyje. Tinkamoje situacijoje ar aplinkybėse šie prisiminimai atgyja. Vadiname juos mintimis. Minčių skirtumai priklauso nuo jausmų, su kuriais įsidėjote ką nors į savo atmintį. Net visiškai vienodoje situacijoje vieni žmones viską įsimena teisingai ir išsaugo teisingas mintis, o kiti – neteisingai, išsaugodami neteisingas mintis.

Dauguma žmonių nesimoko Dievo žodžio tiesos. Todėl netiesos jų širdyje daug daugiau negu tiesos. Šėtonas skatina ir kursto juos neteisingomis mintimis, kurias vadiname kūniškomis mintimis. Priimdami šėtono melą žmonės nebegali paklusti

Dievo įstatymui. Jie tampa nuodėmės vergais, kuri galiausiai nuveda juos į mirtį (Laiškas romiečiams 6, 16, ir 8, 6-7).

Kaip šėtonas užvaldo žmonių širdį?

Paprastai šėtonas puola iš išorės per žmonių mintis. Pavyzdžiui, Biblija sako, kad šėtonas įėjo į Judą Iskarijotą, vieną iš dvylikos Viešpaties Jėzaus mokinių. Tai reiškia, kad Judas ilgą laiką priėmė šėtono darbus ir melą, kol galiausiai atidavė visą širdį šėtonui. Taip šėtonais visiškai užvaldė jį.

Judas Iskarijotas matė nuostabią Dievo galią ir buvo mokomas gerumo, sekdamas Jėzų, bet neatsikratė godumo ir vogė Dievo pinigus – grobstė įplaukas iš kasos (Evangelija pagal Joną 12, 6).

Jis godžiai troško garbės bei valdžios, Mesijui, Jėzui, užėmus pasaulio sostą. Tačiau tikrovė buvo kitokia, negu jis tikėjosi, todėl jis leido šėtonui vieną po kitos užvaldyti jo mintis. Galiausiai šėtonas užvaldė visą jo širdį, ir jis išdavė savo Mokytoją už trisdešimt sidabrinių. Sakome, kad šėtonas įėjo į kokį nors žmogų, kai šėtonas visiškai užvaldo jo širdį.

Apaštalų darbuose 5,3 Petras sakė, kad šėtonas užvaldė Ananijo bei Sapfyros širdį, todėl jie nuslėpė dalį pinigų, pardavę savo žemę, ir melavo Šventajai Dvasiai.

Petras pasakė taip todėl, kad jau anksčiau buvo daug tokių

atvejų. Todėl posakiai „šėtonas įėjo" arba „šėtonas užvaldė" reiškia, kad tie žmonės turi šėtoną savo širdyse ir pasidarė panašūs į jį. Žiūrint dvasinėmis akimis, šėtonas atrodo kaip tamsi migla. Tamsos energija, kuri atrodo kaip tamsūs dūmai, supa žmones, kurie priima šėtono darbus dideliu mastu. Norėdami nepriimti šėtono darbų visų pirma turime atmesti visas neteisingas mintis. Paskui reikia išrauti netiesą iš savo širdies. Iš esmės tai reiškia pašalinti anteną, priimančią šėtono „radijo bangas".

Velnias ir demonai

Velnias yra dalis angelų, sugedusių kartu su Liuciferiu. Skirtingai nuo šėtono, jie turi konkretų pavidalą: tamsią figūrą, veidą, akis, nosį, ausis, kaip ir angelai. Taip pat jie turi rankas ir kojas. Velnias verčia žmones daryti nuodėmes ir atneša jiems sunkumus ir išbandymus.

Tačiau tai nereiškia, kad velnias įeina į žmones, versdamas nusikalsti. Šėtono nurodymu velnias valdo žmones, atidavusius širdį tamsai, ir verčia daryti neleistinus piktus darbus. Kartais velnias tiesiogiai valdo kai kuriuos žmones kaip savo įrankius. Pardavusieji savo dvasią velniui, pavyzdžiui kerėtojai ar burtininkai, yra naudojami kaip velnio įrankiai. Jie verčia ir kitus daryti velnio darbus. Biblija sako, kad darantieji nuodėmes yra velnio (Evangelija pagal Joną 8, 44; Jono pirmas laiškas 3, 8).

Evangelijoje pagal Joną 6, 70 parašyta: „Jėzus jiems atsakė: ,Argi ne aš išsirinkau jus, Dvylika? Tačiau ir tarp jūsų vienas yra velnias.'" Jėzus kalbėjo apie Judą Iskarijotą, kuris Jį išduos. Tapęs nuodėmės vergu atmetęs išganymą žmogus yra velnio vaikas. Kai šėtonas įėjo į Judą ir užvaldė jo širdį, pastarasis darė velnio darbus – išdavė Jėzų. Velnias yra kaip viduriniosios grandies vadovas, kuris gauna šėtono nurodymus ir valdydamas daug demonų sukelia žmonėms daug ligų bei skausmų ir verčia vis giliau grimzti į pikta.

Šėtonas, velnias ir demonai turi hierarchiją. Jie labai glaudžiai bendradarbiauja. Pirmiausia šėtonas kursto netiesą žmonių mintyse, kad atvertų kelią velnio veiklai. Paskui velnias verčia žmones daryti kūno ir velnio darbus. Šėtonas veikia žmonių mintis, o velnio darbas yra priversti žmones įgyvendinti jas praktikoje. Be to, kai pikti darbai viršija tam tikrą ribą, demonai įeina į tuos žmones. Demonams įėjus į juos, žmonės netenka laisvos valios ir tampa demonų marionetėmis.

Biblija duoda suprasti, kad demonai yra piktosios dvasios, bet skiriasi nuo puolusių angelų ir Liuciferio (Psalmynas 106, 28; Izaijo knyga 8, 19; Apaštalų darbai 16, 16-19; Pirmas laiškas korintiečiams 10, 20). Demonai yra buvę žmonės, turėję dvasią, sielą ir kūną. Kai kurie žmonės, gyvenę ir mirę šioje žemėje be išganymo, sugrįžta į šį pasaulį tam tikromis ypatingomis sąlygomis, jie ir yra demonai. Dauguma žmonių neturi aiškaus supratimo apie piktąsias dvasias, bet jos stengiasi nuvesti į pražūtį kuo daugiau žmonių iki Dievo nustatytos paskutiniosios dienos.

Todėl Petro pirmas laiškas 5, 8 sako: „Būkite blaivūs, budėkite! Jūsų priešas velnias kaip riaumojantis liūtas slankioja aplinkui, tykodamas ką praryti." Laiške efeziečiams 6, 12 parašyta: „Mes grumiamės ne su krauju ir kūnu, bet su kunigaikštystėmis, valdžiomis, šių tamsybių pasaulio valdovais ir dvasinėmis blogio jėgomis dangaus aukštumose."

Turime visą laiką budėti ir būti blaivūs, nes pasuksime mirties keliu, jeigu gyvensime paklusdami tamsos jėgoms.

2 skyrius
Savasis aš

Savasis teisumas formuojasi, kai mes priimame pasaulio netiesą kaip tiesą. Kai įsitikinimas savo teisumu sutvirtėja jis pavirsta proto rėmais. Todėl susiformavę proto rėmai yra sistemingas savojo teisumo sutvirtinimas.

Savojo aš formavimasis

Savasis teisumas ir proto rėmai

Tiesos valdomos sielos veikimas

Aš kasdien mirštu

Tai buvo prieš man priimant Viešpatį. Aš kasdien kovojau su savo liga ir vienintelė mano pramoga buvo romanų apie kovos menus skaitymas. Paprastai tai būdavo keršto istorijos.

Štai tipiškas siužetas: pagrindinio herojaus vaikystėje priešas nužudo jo tėvus. Jis per plauką išvengia mirties, išgelbėtas namų tarno. Jis susitinka kovos menų mokytoją, kuris jį užaugina. Jis pats tampa kovos menų mokytoju ir atkeršija priešui už savo tėvų mirtį. Šie romanai sako, kad teisinga ir herojiška atkeršyti, net rizikuojant savo gyvybe. Tačiau Jėzaus mokymas Biblijoje visai kitoks negu šio pasaulio.

Evangelijoje pagal Matą 5, 43-45 Jėzus moko: „Jūs esate girdėję, jog buvo pasakyta: Mylėk savo artimą ir nekęsk priešo. O aš jums sakau: mylėkite savo priešus ir melskitės už savo persekiotojus, kad būtumėte savo dangiškojo Tėvo vaikai; jis juk leidžia savo saulei tekėti blogiesiems ir geriesiems, siunčia lietų ant teisiųjų ir neteisiųjų."

Aš gyvenau gerai ir dorai. Dauguma sakytų, kad buvau toks

žmogus, kuriam nereikėjo įstatymo. Tačiau priėmęs Viešpatį ir pažvelgęs į save per Dievo žodį, paskelbtą evangelizaciniame susirinkime, aš supratau, kad mano gyvenime buvo labai daug blogų dalykų. Man buvo labai gėda, nes supratau, kad mano kalba, elgesys, mintys ir net sąžinė buvo blogi. Aš nuoširdžiai atgailavau prieš Dievą, supratęs, kad gyvenau visiškai neteisingai. Nuo to laiko aš stengiausi atpažinti ir sunaikinti savąjį teisumą bei savo proto rėmus. Aš atsižadėjau savojo aš, kurį buvau susikūręs, ir laikiau jį niekuo. Skaitydamas Bibliją susikūriau savąjį aš iš naujo, vadovaudamasis tiesa. Aš pasninkavau ir meldžiausi be atvangos, kad išplėščiau netiesą iš savo širdies. Pajutau, kaip piktybė dingsta iš manęs, pradėjau girdėti Šventosios Dvasios balsą ir vadovautis juo.

Savojo aš formavimasis

Kaip žmonės susiformuoja savo širdis ir vertybes? Visų pirma jie daug ką paveldi. Vaikai būna panašūs į savo tėvus. Jie paveldi išvaizdą, įpročius, charakterį ir kitas genetines savybes iš tėvų. Korėjoje sakoma, kad mes gauname „tėvų kraują". Iš tiesų tai ne kraujas, bet gyvybės energija arba „či". „Či" yra viso kūno gyvybinė jėga. Pažįstu šeimą, kurioje sūnus turi didelį apgamą virš lūpos. Jo motina turėjo tokį pat apgamą toje pačioje vietoje, bet pašalino jį chirurginiu būdu. Nors apgamas buvo pašalintas, jos sūnus vis tiek jį paveldėjo.

Žmogaus spermatozoidai ir kiaušialąstės turi gyvybės energiją. Juose užkoduota ne tik fizinė išvaizda, bet ir charakteris, temperamentas, protas ir įpročiai. Jei tėvo či stipresnis vaiko prasidėjimo metu, jis bus panašesnis į tėvą. Jeigu motinos či stipresnis, vaikas bus panašesnis į motiną. Todėl kiekvienas vaikas turi kitokią širdį.

Augdamas ir bręsdamas žmogus išmoksta daug dalykų, kurie taip pat tampa širdies dirvos dalimi. Maždaug nuo penkerių metų amžiaus žmonės pradeda formuoti savąjį aš per tai, ką mato girdi ir sužino. Iki maždaug dvylikos metų žmogus susiformuoja vertybes, kurios yra kitų teisimo standartai. Maždaug aštuoniolikos metų žmogaus savasis aš sutvirtėja. Tačiau bėda, kad daug neteisingų dalykų laikome teisingais ir prisimename kaip tiesą.

Šiame pasaulyje sužinome daug neteisingų dalykų. Žinoma, mokykloje sužinome daug naudingų ir būtinų gyvenime dalykų, bet mus moko ir netiesos, pavyzdžiui, Darvino evoliucijos teorijos. Tėvai taip pat išmoko savo vaikus netiesos, vadindami ją tiesa. Tarkime vaikas kieme buvo primuštas bendraamžių. Susinervinę tėvai sako: „Tu valgai tris kartus per dieną kaip visi vaikai ir turi būti stiprus, kodėl pasidavei? Jei tau sudavė kartą, trenk jiems atgal du kartus! Ar neturi rankų ir kojų kaip visi vaikai? Tu turi išmokti pasirūpinti savimi."

Bendraamžių mušami vaikai yra žeminami. Kokią sąžinę jie išsiugdys? Tikriausiai jausis kvaili, leisdamiesi mušami. Jie galvos, kad turi teisę smogti du kartus tam, kas smogė jiems vieną kartą. Kitaip tariant, jie laikys geru tai, kas pikta.

Kaip pažįstantys tiesą tėvai turi mokyti savo vaikus? Jie turi išsiaiškinti situaciją ir mokyti vaikus gerumo ir tiesos, kad vaikai turėtų ramybę. Pavyzdžiui, pasakyti: „Mielasis, pasistenk suprasti juos. Pagalvok, ar pats nepadarei nieko bloga. Dievas liepia mums gerumu nugalėti pikta."

Jei vaikai mokomi Dievo žodžio tiesos visose aplinkybėse, jie išsiugdo gerą ir teisingą sąžinę. Tačiau dažniausiai tėvai moko vaikus ir melo. Kai tėvai meluoja, vaikai taip pat meluoja. Tarkime, suskamba telefonas, ir mergaitė pakelia ragelį. Uždengusi ranka mikrofoną ji sako: „Tėti, dėdė Tomas tau skambina." Tėtis atsako: „Sakyk, kad manęs nėra namie."

Dukrelė klausia tėčio, ar jis kalbės, prieš kviesdama prie telefono, nes tai jau ne pirmas kartas. Augdami žmonės mokomi daug neteisingų dalykų ir dar teisia ir smerkia kitus pagal savo jausmus. Taip susiformuoja nedora sąžinė.

Be to, dauguma žmonių yra savanaudžiai. Jie siekia tik savo

naudos ir mano esą teisūs. Jeigu kitų žmonių norai ir idėjos nesutampa su jų idėjomis, jie mano, kad kiti neteisūs. Tačiau kiti galvoja lygiai taip pat. Sunku susitarti, kai visi taip galvoja. Tas pats vyksta net tarp artimų vienas kitam žmonių, tarp vyro ir žmonos, tėvų ir vaikų. Dauguma žmonių taip formuoja savąjį aš, bet žmogus neturi manyti, kad tik jis yra teisus.

Savasis teisumas ir proto rėmai

Dauguma žmonių formuoja savo vertybių sistemą per netiesos valdomos sielos veikimą ir gyvena, vadovaudamiesi savuoju teisumu ir proto rėmais. Be to, šis įsitikinimas savo teisumu formuojasi, priimant pasaulio netiesą, kurią jie laiko tiesa. Turintieji tokį savąjį teisumą ne tik tariasi turintys teisingus standartus, bet ir stengiasi primesti savo nuomones ir įsitikinimus kitiems.

Sutvirtėjęs savasis teisumas virsta proto rėmais. Kitaip tariant, proto rėmai yra sistemingai formuojamas savasis teisumas. Šie individualūs rėmai susiformuoja pagal žmogaus charakterį, skonį, manieras, teorijas ir mintis. Kai dvi nuomonės yra geros, bet jūs pripažįstate tik vieną ir tvirtai jos laikotės, ji virsta jūsų proto rėmais. Paskui formuojasi palankumas turintiems panašius prioritetus, pomėgius ir charakterį ir nepakantumas tiems, kas jums nepritaria. Tai proto rėmų padarinys.

Proto rėmai įvairiausiomis formomis atsiskleidžia mūsų kasdieniniame gyvenime. Neseniai susituokusieji dažnai ginčijasi dėl smulkmenų. Vyras galvoja, kad reikia spausti dantų pastos tūtelę nuo apačios, bet žmona spaudžia ją bet kurioje vietoje. Jeigu jis reikalauja, kad žmona laikytųsi jo taisyklės, iškyla konfliktas. Sutuoktinių konfliktų šaknys glūdi skirtingų įpročių rėmuose.

Tarkime, bendrovės darbuotojas pats atlieka visą darbą, ir jam nereikia niekieno pagalbos. Kai kurie žmonės įpratę viską daryti patys, nes augo sunkioje aplinkoje ir turėjo dirbti vieni, ne todėl, kad yra išpuikę. Jeigu jūs laikote tokį žmogų išpuikėliu arba savanaudžiu, tai taip pat neteisingas vertinimas.

Tiesos požiūriu žmogaus įsitikinimas savo teisumu ir proto rėmai yra ydingi. Klaida kyla iš širdies netiesos, liepiančios netarnauti kitiems ir siekti asmeninės naudos. Net tikintieji turi savojo teisumo ir proto rėmų, patys to nežinodami.

Jie galvoja, kad klauso Dievo žodžio, atmetė daug nuodėmių ir žino tiesą. Taip atsiskleidžia jų savasis teisumas. Jie teisia kitų gyvenimą tikėjimu, lygina save su kitais ir tariasi esą geresni už juos. Pradžioje jie matė tik gerus bruožus kituose, bet vėliau ėmė keistis ir dabar mato beveik vien trūkumus. Jie gina tik savo nuomonę, bet sako, kad daro tai „dėl Dievo karalystės".

Kai kurie žmonės kalba taip, lyg viską žinotų ir būtų teisūs. Visada pamini apie kitų trūkumus ir teisia tuos žmones. Tai reiškia, kad jie nebemato savo trūkumų ir yra greiti pastebėti tik kitų ydas.

Kol tiesa visiškai nepakeičia mūsų, visi turime savąjį teisumą ir susikuriame proto rėmus. Ne tik tiesa, bet ir netiesa valdo mūsų sielos veikimą tokiu mastu, kiek pikto turime širdyje. Todėl mes smerkiame ir teisiame kitus pagal savąjį teisumą ir proto šablonus. Norėdami dvasiškai augti, turime laikyti visas savo mintis ir teorijas nieko vertas. Turime sugriauti savąjį teisumą ir proto rėmus, kad siela veiktų tiesos valdoma.

Tiesos valdomos sielos veikimas

Mes dvasiškai augame ir tampame ištikimais Dievo vaikais, kai netiesos valdomą sielos veikimą pakeičiame valdomu tiesos. Ką daryti, kad tiesa užvaldytų sielą?

Pirma, turime viską vertinti tiesos standartais

Žmonės turi skirtingą sąžinę, taip pat skirtingi pasaulio standartai priklauso nuo laiko, vietos ir kultūros. Net jeigu jūs pasielgėte teisingai, turintieji kitokias vertybes gali manyti, kad jūsų poelgis neteisingas.

Žmonės formuoja savo vertybes ir priimtinas manieras skirtingose kultūrose ir aplinkybėse, todėl neturime teisti kitų pagal savo standartus. Vienintelis aukščiausias standartas, pagal kurį atskiriame gera nuo pikto ir tai, kas teisinga, nuo to, kas klaidinga, yra Dievo žodis, kuris yra tiesa.

Kai kurios pasauliečių vertybės ir teisingumo samprata sutampa su Šventojo Rašto tiesa, bet daug jų prieštarauja tiesai. Tarkime, kad jūsų draugas padarė nusikaltimą, bet kitas žmogus buvo neteisingai apkaltintas. Daugelis manytų, kad geriau neatskleisti draugo kaltės. Bet jeigu jūs tylėsite, žinodami apie nuteistojo nekaltumą, jūsų elgesys niekada nebus teisingas Dievo akyse.

Kai prieš įtikėdamas į Dievą užeidavau pas ką nors į svečius pietų laiku, ir bičiuliai paklausdavo, ar aš pavalgęs, atsakydavau: „Taip, aš jau pavalgiau." Niekada nemaniau, kad tai negerai, nes nenorėdavau žmonėms pridaryti rūpesčių. Tačiau dvasine prasme tai yda Dievo požiūriu, nes tai netiesa, nors ir ne sąmoninga nuodėmė. Kai supratau tai, panašiais atvejais pradėjau sakyti: „Nevalgiau, bet dabar nesu alkanas."

Norėdami viską vertinti teisingai, turime girdėti, studijuoti ir saugoti širdyje Tiesos žodį. Turime skaityti Bibliją ir atsikratyti klaidingų standartų, suformuotų netiesos šiame pasaulyje. Visa šio pasaulio išmintis, prieštaraujanti Dievo žodžiui, turi būti atmesta.

Antra, jausmai turi būti teisingi, kad tiesa valdytų sielą

Vertybių diegimo būdas labai svarbus teisingų jausmų ugdymui. Kartą girdėjau motiną, barančią savo vaiką: „Jeigu taip darysi, pastorius išbars tave!" Ji gąsdino savo vaiką pastoriumi. Toks vaikas augdamas greičiausiai bijos ir vengs pastoriaus, užuot pasitikėjęs juo.

Prisimenu vieną sceną iš seno filmo. Viena mergaitė labai draugavo su drambliu, kuris dažnai straubliu apvyniodavo jai kaklą. Vieną kartą, mergaitei miegant, atšliaužė nuodinga gyvatė ir apsivyniojo jai apie kaklą. Jeigu mergaitė būtų žinojusi, kad tai nuodinga gyvatė, siaubas būtų ją sukaustęs. Tačiau ji ramiai miegojo, manydama, kad tai dramblio straublys. Ji nė kiek neišsigando ir jautė draugišką prisilietimą. Jausmai priklauso nuo minčių.

Jausmai keičiasi pagal mūsų mintis. Žmonės, kurie šlykštisi vikšrais, kirminais ir šimtakojais, dažniausiai mėgsta vištieną, nors vištos minta tais padarais. Tai, ką kam nors jaučiame, priklauso nuo mūsų minčių. Nesvarbu, kokį žmogų matome ir kokį darbą dirbame, turime gerai galvoti ir jausti.

Visų pirma, kad visada gerai galvotume ir jaustume, turime matyti, girdėti ir priimti tik gerus dalykus. Tai ypač svarbu šiais laikais, kai žiniasklaidoje ir internete galima pamatyti beveik viską. Šiandien mus supa daugiau pikto, žiaurumo, smurto, apgaulės, savanaudiškumo, klastos ir išdavysčių negu bet kada žmonijos istorijoje. Norint išsilaikyti tiesoje, geriau nematyti, negirdėti ir nepriimti tokių dalykų. Tačiau net susidūrę su jais, galime priimti tiesą ir gerumą. Kaip?

Pavyzdžiui, vaikystėje girdėjusieji baisių istorijų apie demonus ir vampyrus jaučia jiems baimę, ypač, jeigu būna vieni tamsoje, pažiūrėję siaubo filmą. Jie krūpteli iš baimės, išgirdę kokį nors keistą garsą ar pamatę neaiškų šešėlį. Jeigu jie būna vieni, bet koks netikėtas nereikšmingas įvykis gali įvaryti jiems siaubą.

Jeigu gyvename šviesoje, Dievas saugo mus, ir piktosios dvasios negali mūsų paliesti. Dvasinė šviesa, sklindanti iš mūsų, kelia joms siaubą. Jeigu suprantame šį faktą, galime pakeisti savo jausmus. Mes suprantame, kad piktosios dvasios nėra baisios būtybės, ir mūsų jausmai pasikeičia. Mes stipresni už tamsos pasaulį, ir net demonams pasirodžius, galime išvaryti juos Jėzaus Kristaus vardu.

Pateiksiu dar vieną neteisingų žmonių jausmų pavyzdį. Mes

su bažnyčios nariais buvome piligriminėje kelionėje maždaug prieš 20 metų. Viename Graikijos stadione stovėjo nuogo vyro skulptūra. Papėdėje buvo užrašas, raginantis mankštintis ir sportuoti, nes sveiki žmonės yra sveikos valstybės pagrindas. Ten pamačiau skirtumą tarp turistų iš Europos šalių ir mūsų bažnyčios narių.

Vienos moterys nesivaržydamos fotografavosi prie statulos, bet kitos raudonavo iš gėdos. Jos vengė tos vietos, lyg būtų pamatę tai, į ką negalima žiūrėti. Raudonavimo prie nuogo vyro statulos priežastis buvo nepadorios mintys. Nuogumas kėlė joms neteisingus jausmus, ir tie jausmai apėmė jas, pamačius nuogo vyro skulptūrą. Tokie žmonės gali net teisti tuos, kas atidžiai apžiūrinėja tokią statulą. Tuo tarpu turistai iš Europos neatrodė apimti gėdos ar kokių nors panašių jausmų. Jie žiūrėjo į statulą, gėrėdamiesi puikiu meno kūriniu.

Nereikia teisti šių turistų iš Europos ir sakyti, kad jie neturi gėdos. Jeigu suprantame skirtingas kultūras ir neteisingus jausmus pakeičiame teisingais, mums nėra ko gėdytis ar sutrikti. Adomas gyveno nuogas, kol neturėjo kūniško pažinimo ir jokių nepadorių minčių, ir tuo metu jo gyvenimas buvo gražesnis.

Trečia, kad tiesa valdytų mūsų sielą, turime viską vertinti ne tik savo, bet kitų požiūriu.

Jeigu viską vertinsi ir priimsi, remdamasis tik savo požiūriu, patirtimi ir mąstymu, tavo sieloje bus daug netiesos. Dažniausiai tu ką nors pridėsi prie kitų žmonių žodžių arba ką nors atimsi, remdamasis savo mintimis, ir neteisingai suprasi, teisi, smerksi bei ugdysi blogus jausmus.

Tarkime, avarijoje sužeistas žmogus labai skundžiasi skausmu. Nepatyrusieji tokio skausmo arba nejautrūs skausmui žmonės gali pamanyti, kad tas žmogus per daug dejuoja dėl menko skausmo. Jeigu priimi kitų žmonių žodžius, remdamasis tik savo požiūriu ir patirtimi, netiesa valdys tavo sielos veikimą. Jeigu stengiesi įsijausti į kito padėtį, tu gali suprasti jo skausmą.

Jeigu suprasi kito žmogaus padėtį ir priimsi jį, gyvensi taikoje su visais. Tu nejausi neapykantos keliantiems nepatogumų. Net įžeistas priešiškai nusiteikusio žmogaus, pirmiausia galvosi apie jį, nesupyksi, bet mylėsi jį ir būsi jam gailestingas. Jeigu tu patyrei už mus nukryžiuoto Jėzaus meilę ir Dievo malonę, mylėsi net savo priešus kaip pirmasis kankinys Steponas. Užmuštas akmenimis, nors nebuvo niekuo nusikaltęs, jie neturėjo neapykantos savo žudikams ir meldėsi už juos.

Kartais nelengva pasiekti mūsų trokštamo tiesos valdomos sielos veikimo, todėl turime visada galvoti, ką sakome ir darome, bei stengtis netiesos valdomą sielos veikimą pakeisti tiesos valdomu. Tiesos valdomą sielos veikimą suteikia Dievo malonė ir stiprybė su Šventosios Dvasios pagalba, kai mes meldžiamės ir stengiamės.

Aš kasdien mirštu

Apaštalas Paulius prieš atsivertimą persekiojo krikščionis, nes buvo tvirtai įsitikinęs savo teisumu, vadovaudamasis savo proto rėmais, bet susitikęs Viešpatį suprato, kad jo savasis teisumas ir proto rėmai buvo klaidingi, ir taip nusižemino, kad visus savo pasiekimus laikė šiukšlėmis. Iš pradžių jo širdyje vyko kova, supratus, kad jame esanti nuodėmė kovoja su troškimu daryti gera (Laiškas romiečiams 7, 24).

Tačiau paskui jis dėkojo Dievui, tikėdamas, kad gyvybės įstatymas ir Šventoji Dvasia Kristuje Jėzuje išlaisvino jį iš nuodėmės ir mirties įstatymo. Laiške romiečiams 7, 25 apaštalas Paulius pasakė: „Bet dėkui Dievui per mūsų Viešpatį Jėzų Kristų! Taigi aš pats protu tarnauju Dievo įstatymui, o kūnu nuodėmės įstatymui," ir Pirmame laiške korintiečiams 15, 31: „Prisiekiu savo pasididžiavimu jumis, broliai, mūsų Viešpatyje Kristuje Jėzuje, jog aš kasdien mirštu!"

Jis pasakė: „Aš kasdien mirštu". Tai reiškia kasdieninį širdies apipjaustymą. Jis atsižadėjo netiesos, buvusios širdyje: puikybės, aklo savo nuomonės gynimo, neapykantos, teisimo, pykčio, išpuikimo ir godumo. Jis priešinosi iki kraujo, grumdamasis su nuodėme. Dievas suteikė jam malonę ir jėgų, ir Šventoji Dvasia padarė jį dvasios žmogumi, jo sielos veikimą valdė tik tiesa. Galiausiai jis tapo didžiu apaštalu, paskelbusiu evangeliją daugybei žmonių ir dariusiu daug ženklų bei stebuklų.

3 skyrius
Kūno reikalai

Kartais žmonės nusideda mintimis: pavydi, pavyduliauja, teisia, smerkia ir svetimauja. Jos nematomos, tačiau vis tiek yra nuodėmingų geismų paskatinti nusidėjimai.

Kūnas ir jo darbai

Jėzaus žodžių „kūnas silpnas" prasmė

Kūno reikalai: nusidėjimas mintimis

Kūno geismas

Akių geismas

Gyvenimo puikybė

Negyvos dvasios žmonių siela tampa jų šeimininke ir užvaldo kūną. Tarkime, tu ištroškęs ir nori gerti. Tada siela įsakys rankai paimti stiklinę vandens ir pakelti prie burnos. Tačiau tą akimirką kas nors įžeidžia tave ir pajunti norą sudaužyti stiklinę. Kas valdo tokią sielą?

Šėtonas pakursto kūnišką sielą. Žmonės priima priešo velnio ir šėtono darbus tokiu mastu, kiek netiesos yra jų viduje. Jeigu jie priima šėtono darbus, jų mintys ir elgesys dažnai būna neteisingi.

Šėtonas atsiunčia mintį iš pykčio sudaužyti stiklinę, ir jeigu tu tikrai ją sudaužai, tai velnio darbas. Tokia mintis vadinasi „kūno reikalu", o veiksmas – „kūno darbu". Netiesos valdomų sielos veiksmų priežastis yra nuodėminga prigimtis, kurią priešas velnias ir šėtonas įskiepijo mums po Adomo nuopuolio, ir kuri įsišaknijo žmogaus kūne.

Kūnas ir jo darbai

Laiške romiečiams 8, 13 parašyta: „Jei jūs gyvenate pagal

kūną, mirsite. Bet jei Dvasia marinate kūniškus darbus, gyvensite."

„Mirsite" čia reiškia amžinąją mirtį, kuri yra pragaras. Todėl ir žodis „kūniški" apibūdina ne tik mūsų fizinį kūną. Jis turi ir dvasinę prasmę.

Toliau pasakyta, kad jei Dvasia marinsime kūniškus darbus, mes gyvensime. Ar tai reiškia, kad turime atsisakyti sėdėjimo, gulėjimo, valgymo ir taip toliau? Žinoma ne! Čia „kūnas" reiškia dvasinę talpą žmogaus viduje, iš kurios dingo Dievo žmonėms duotas dvasinis pažinimas. Norėdami suprasti dvasinę šių dalykų prasmę, turime žinota kokia būtybė buvo Adomas.

Kai Adomas buvo gyva dvasia, jis turėjo brangų negendantį kūną. Jis neseno, buvo nemirtingas ir negalėjo išnykti. Jis turėjo spindintį, nuostabaus grožio dvasinį kūną. Jo elgesys buvo kilnesnis už bet kokio didiko šioje žemėje. Tačiau nuo to laiko, kai per nepaklusnumą nuodėmė įėjo į jį, jo kūnas prarado garbę ir nebesiskyrė nuo gyvulių kūnų.

Pateiksiu alegoriją. Galime palyginti kokio nors skysčio pilną puodelį su mūsų kūnu ir dvasia. Mūsų kūnas kaip puodelis, o skystis kaip dvasia. Tas pats puodelis gali turėti skirtingą vertę, kuri priklauso nuo to, koks skystis į jį įpiltas. Tas pats buvo su Adomo kūnu.

Būdamas gyva dvasia Adomas turėjo tik tiesos pažinimą:

meilę, gerumą, ištikimybę, teisumą ir Dievo šviesą. Visa tai buvo Dievo jam suteikta. Tačiau, kai jo dvasia numirė, tiesos pažinimas apleido jį, ir tiesos vietą užėmė kūniški reikalai, kuriuos jam įbruko priešas velnias ir šėtonas. Adomas pasikeitė pagal netiesą, tapusią jo dalimi. Apaštalas Paulius sako, kad Dvasia turime marinti kūniškus darbus, kurie yra mūsų sieloje esančios netiesos paskatinti veiksmai.

Pavyzdžiui, yra žmonių, kurie supykę mojuoja kumščiais, tranko durimis arba rodo kitokius grubius gestus. Kiti kalbėdami naudoja keiksmažodžius kiekviename sakinyje. Dar kiti gašliai žiūri į priešingos lyties asmenis ir nepadoriai elgiasi.

Kūno darbai yra ne tik akivaizdžių nuodėmių darymas, bet ir visi kiti veiksmai, nepriimtini Dievo akyse. Kai kurie žmonės, kalbėdami su kitais, nesąmoningai rodo pirštu į žmones arba daiktus. Kiti taip pakelia balsą, jog atrodo, kad kivirčijasi su pašnekovu. Daug kas mano, kad tai nesvarbu, bet tai kūno darbai, kylantys iš mumyse įsišaknijusios netiesos.

Žodis „kūnas" dažnai sutinkamas Biblijoje. Evangelijoje pagal Joną 1, 14 žodis „kūnas" panaudotas tiesiogine prasme: „Tas Žodis tapo kūnu ir gyveno tarp mūsų; mes regėjome jo šlovę šlovę Tėvo viengimio Sūnaus, pilno malonės ir tiesos." Tačiau jis dažniau naudojamas dvasine prasme.

Laiškas romiečiams 8, 5 sako: „Kurie gyvena pagal kūną, tie rūpinasi kūno reikalais, o kurie gyvena pagal Dvasią Dvasios reikalais." Laiške romiečiams 8, 8 pasakyta: „Kas gyvena kūniškai, negali patikti Dievui."

Čia žodis „kūnas" panaudotas dvasine prasme ir kalba apie nuodėmingą prigimtį, esančią kūne. Tai nuodėmingos prigimties ir kūno junginys, praradęs tiesos pažinimą. Priešas velnias ir šėtonas įskiepijo žmonėse daug nuodėmingų polinkių, kurie įsišaknijo kūne. Jie ne iš karto virsta veiksmais, bet šie polinkiai gyvuoja žmonėse ir bet kada gali pavirsti veiksmais.

Kalbėdami apie šias kūniškas savybes, vadiname jas „kūno reikalais". Neapykanta, pavydas, pavyduliavimas, melavimas, suktumas, puikybė, pyktis, teisimas, smerkimas, svetimavimas ir godumas visi kartu vadinami „kūnu", o kiekvienas atskirai – „kūno reikalu".

Jėzaus žodžių „kūnas silpnas" prasmė

Kai Jėzus meldėsi Getsemanės sode, mokiniai miegojo. Jėzus pasakė Petrui: „Budėkite ir melskitės, kad nepatektumėte į pagundą. Dvasia ryžtinga, bet kūnas silpnas" (Evangelija pagal

Matą 26, 41). Tai nereiškia, kad mokiniai buvo fiziškai silpni. Petras buvo tvirto sudėjimo, jis buvo žvejys. Tai ką reiškia „kūnas silpnas"?

Tai reiškia, kad Petras dar nebuvo gavęs Šventosios Dvasios, jis buvo kūniškas žmogus, dar neatmetęs visų nuodėmių ir neišsiugdęs dvasiai pavaldaus kūno. Kai žmogus atsikrato nuodėmių ir atgyja dvasia, kitaip tariant, tampa dvasios ir tiesos žmogumi, jo dvasia valdo sielą ir kūną. Todėl, net jeigu tu fiziškai labai pavargęs, bet nuoširdžiai nori neužmigti, miegas tavęs neįveiks.

Tačiau tuo metu Petras nebuvo dvasiškai sustiprėjęs ir negalėjo suvaldyti kūniškų savybių, šiuo atveju nuovargio ir tingulio. Jis norėjo budėti, bet negalėjo. Jis negalėjo peržengti savo fizinių ribų. Negalėjimas įveikti savo fizinių ribų ir reiškia, kad kūnas silpnas.

Tačiau po Jėzaus Kristaus prisikėlimo ir pakilimo į dangų, Petras gavo Šventąją Dvasią. Dabar jis ne tik valdė savo kūniškas savybes, bet ir gydė ligonius, net prikeldavo mirusiuosius. Jis skelbė evangeliją, turėdamas stiprų tikėjimą, ir buvo toks drąsus, kad pasirinko būti nukryžiuotas žemyn galva.

Jėzus skelbė Dievo karalystės evangeliją ir gydė žmones dieną bei naktį, nors nepakankamai valgė ir miegojo. Jo dvasia valdė kūną, ir net, kai buvo labai pavargęs, Jis galėjo tiek melstis, kol Jo kruvinas prakaitas ėmė lašėti ant žemės. Jėzus neturėjo pirmapradės nuodėmės ir nė karto nenusidėjo, Jis savo dvasia valdė kūną.

Kai kurie tikintieji daro nuodėmes ir teisinasi, sakydami: „Mano kūnas silpnas." Jie taip sako todėl, kad nesupranta dvasinės šių žodžių prasmės. Turime suvokti, kad praliejęs kraują ant kryžiaus Jėzus atpirko mus ne tik nuo nuodėmių, bet ir nuo silpnybių. Mes galime būti sveiki dvasia bei kūnu ir daryti darbus, pranokstančius žmogaus ribas, jeigu turime tikėjimą ir paklūstame Dievo žodžiui. Be to, Šventoji Dvasia padeda mums, todėl neturime sakyti, kad negalime melstis arba neturime kito pasirinkimo, kaip tik nusidėti, nes mūsų kūnas silpnas.

Kūno reikalai: nusidėjimas mintimis

Jei žmogus kūniškas, tiksliau, jeigu jo kūne įsišaknijusi nuodėminga prigimtis, jis nusideda ne tik mintimis, bet ir darbais. Jeigu jis linkęs meluoti, jis apgaudinės kitus, kai tai bus jam paranku. Jeigu jis nusideda tik mintimis, bet ne darbais, tai vadinasi „kūno reikalais".

Tarkime, tu pamatai gražų juvelyrinį dirbinį, priklausantį tavo artimui. Jeigu galvoji, kaip pasisavinti arba pavogti šią brangenybę, tu jau nusidėjai savo širdyje. Dauguma žmonių mano, kad tai ne nuodėmė, bet Dievas ištiria širdį. Net priešas velnias ir šėtonas žino žmonių širdies nusikaltimus ir kaltina šiomis nuodėmėmis, kurios yra kūno reikalai.

Evangelijoje pagal Matą 5, 28 Jėzus sako: „O aš jums sakau: kiekvienas, kuris geidulingai žvelgia į moterį, jau svetimauja savo širdimi." Jono pirmame laiške 3, 15 parašyta: „Kuris nekenčia savo brolio, tas žmogžudys, o jūs žinote, kad joks žmogžudys neturi amžinojo gyvenimo, jame pasiliekančio." Jeigu nusidėjai širdimi, tu padėjai pamatą nuodėmingam darbui.

Tu gali šypsotis ir apsimesti, kad myli kokį nors žmogų, nors nekenti jo ir norėtum primušti. Jeigu kas nors atsitinka, ir tu nebegali pakęsti tokios padėties, pyktis išsiveržia, ir tu susikivirčiji arba susimuši su tuo žmogumi. Tačiau jei išrausi iš savo širdies neapykantą, niekada nebepyksi ant to žmogaus, net jeigu jis ir labai apsunkins tau gyvenimą.

Laiške romiečiams 8, 13 parašyta: „Jei jūs gyvenate pagal kūną, mirsite," jeigu neatmesite kūno reikalų, galiausiai imsite daryti kūno darbus. Tačiau toliau ši Šventojo Rašto eilutė sako: „Bet jei Dvasia marinate kūniškus darbus, gyvensite." Todėl mes galime pamaldžiai daryti šventus darbus, kai vieną po kito atmetame kūno reikalus. Kaip mums greitai atsikratyti kūno reikalų ir darbų?

Laiškas romiečiams 13, 13-14 sako: „Kaip dieną elkimės padoriai, saugodamiesi apsirijimo, girtavimo, palaidumo, neskaistumo, nesantaikos ir pavyduliavimo. Apsivilkite Viešpačiu Jėzumi Kristumi ir nelepinkite savo kūno, netenkinkite jo geidulių," Jono pirmame laiške 2, 15-16 parašyta: „Nemylėkite pasaulio, nei to, kas yra pasaulyje. Jei kas myli pasaulį, nėra jame Tėvo meilės, nes visa, kas pasaulyje, tai kūno geismas, akių geismas ir gyvenimo puikybė, o tai nėra iš Tėvo, bet iš pasaulio."

Šios eilutės atskleidžia, kad visų pasaulio reikalų priežastis yra kūno geismas, akių geismas ir gyvenimo puikybė. Geismas yra energijos šaltinis, verčiantis žmones siekti gendančio kūno ir priimti jį. Tai galinga jėga, kuri verčia žmones žavėtis pasaulio reikalais ir mylėti gendantį pasaulį.

Grįžkime į sceną Pradžios knygoje 3, 6, kurioje žaltys gundė Ievą: „Kai moteris pamatė, kad tas medis geras maistui, kad jis žavus akims ir kad tas medis žada duoti išminties, ji skynėsi jo vaisių ir valgė, davė ir savo vyrui, buvusiam su ja, ir šis valgė."

Žaltys pasakė Ievai, kad ji bus kaip Dievas. Tą akimirką, kai ji priėmė gundytojo žodžius, nuodėminga prigimtis įsiskverbė į ją ir įsitvirtino jos kūne. Paskui gimė kūno geismas, ir uždraustas vaisius atrodė geras maistui. Akių geismui sukilus, vaisius pasidarė žavus akims, o gyvenimo puikybė teigė, kad šis vaisius padarys Ievą išmintingą. Priėmusi šį geismą Ieva panoro ir valgė uždrausto vaisiaus. Anksčiau ji neturėjo jokių ketinimų nepaklusti Dievo žodžiui, bet jos geismui sukilus, vaisius atrodė geras ir gražus. Pasidavusi geismui būti kaip Dievas ji galiausiai nepakluso Dievui.

Kūno geismas, akių geismas ir gyvenimo puikybė verčia mus manyti, kad nuodėmės ir blogis yra geri ir malonūs. Tai sužadina kūno reikalus ir galiausiai kūno darbus. Todėl, kad pajėgtume atmesti kūno darbus, visų pirma turime atsikratyti šių trijų geismų. Paskui galėsime imtis kūno rovimo iš savo širdies.

Jeigu Ieva būtų žinojusi, kokį skausmą atneš uždrausto vaisiaus valgymas, nebūtų maniusi, kad jis geras maistui ir žavus akims. Jai būtų buvę bjauru jį liesti ir matyti, jau neklabant apie valgymą. Panašiai ir mes, jei žinotume, kokį didžiulį skausmą mums atneš meilė pasauliui, ir kad ji nuves mus į pragarą, tikrai nemylėtume pasaulio. Kai tik suvokiame, kokie beverčiai yra visi nuodėmingi pasaulio dalykai, mes galime lengvai atmesti savo kūno geismą. Pasistengsiu smulkiau paaiškinti.

Kūno geismas

Kūno geismas yra polinkis pasiduoti kūniškumui ir daryti

nuodėmes. Kai turime daug blogų būdo bruožų, pavyzdžiui: pykčio, savanaudiškų troškimų, gašlumo, pavydo ir puikybės, kūno geismas lengvai sukyla. Kai patenkame į aplinkybes, skatinančias nuodėmingus polinkius, mums pasidaro įdomu ir smalsu. Tai verčia mus manyti, kad nuodėmės yra geros ir malonios. Pradedame galvoti apie kūno reikalus, kurie perauga į kūno darbus.

Pavyzdžiui, naujai įtikėjęs žmogus nutaria mesti gerti, bet vis tiek turi potraukį alkoholiui, tai kūno reikalas. Jeigu jis nueina į barą ar kitą vietą, kur žmonės vartoja alkoholį, sukyla kūno geismas išgerti, sužadina žmogaus troškimą, paskatina jį išgerti ir pasigerti.

Pateiksiu kitą pavyzdį. Jeigu mes linkę teisti ir smerkti kitus, mums norisi klausyti gandų apie kitus žmones. Mums patinka girdėti ir skleisti gandus bei apkalbėti žmones. Kai laikome pyktį savyje, ir kas nors nesutinka su mumis, supykę mes atsigauname ir gerai jaučiamės. Jeigu stengiamės susivaldyti ir nepasiduoti pykčiui, mums būna nepakeliamai sunku. Jeigu turime išdidų charakterį, dažniausiai būname linkę girtis. Puikybė taip pat sukelia troškimą, kad kiti mums tarnautų. Jeigu turime troškimą būti turtingi, mes stengiamės pralobti, net kitų žmonių nuostolių ir kančių sąskaita. Kūno geismas stiprėja, kai darome vis daugiau nuodėmių. Bet jeigu naujai įtikėjęs ir turintis silpną tikėjimą žmogus karštai meldžiasi, draugauja su tikinčiaisiais ir yra pripildytas Šventosios Dvasios, bus nelengva sužadinti jo kūno geismą. Net jei kūno geismas sukils minčių kamputyje, jis iš karto išvarys jį tiesa. Bet jeigu liausis meldęsis ir praras Šventosios Dvasios pilnatvę, jis leis priešui velniui ir šėtonui sužadinti kūno geismą.

Kaip atmesti kūno geismą? Saugoti Šventosios Dvasios pilnatvę, kad jūsų troškimas vadovautis dvasia būtų stipresnis už norą pasiduoti kūnui. Mes turime visada budėti dvasia, kaip parašyta Petro pirmame laiške 5, 8: „Būkite blaivūs, budėkite! Jūsų priešas velnias kaip riaumojantis liūtas slankioja aplinkui, tykodamas ką praryti."

Turime nesiliauti karštai meldęsi, kad budėtume. Net labai užsiėmę Dievo darbu, prarasime Šventosios Dvasios pilnatvę, jei nustosime melstis. Tai atvers kelią kūno geismo sužadinimui, kuris vers nusidėti mintimis ir galiausiai darbais. Štai kodėl net Jėzus, Dievo Sūnus, savo gyvenimo šioje žemėje metu parodė gerą nepaliaujamo meldimosi pavyzdį. Jis be paliovos meldėsi, bendravo su Tėvu ir įvykdė Jo valią.

Žinoma, jeigu jūs atmesite nuodėmę ir pasieksite pašventinimo, kūno geismas nebesukils, ir jūs nepasiduosite kūnui, nedarysite nuodėmių. Todėl pašventintieji melsis ne dėl kūno geismo atmetimo, bet kad gautų didesnę Dvasios pilnatvę ir daugiau nuveiktų Dievo karalystės kūrimui.

Ką mes darome, jei ant mūsų drabužių patenka sugedusio maisto atliekų? Mes ne tik nuvalome jas, bet ir išskalbiame drabužį, kad neliktų jokio blogo kvapo. Jeigu kirminas ar vikšras užkrenta ant mūsų drabužių, mes iš karto nukratome jį. Tačiau širdies nuodėmės sutepa daug labiau už bet kokias atliekas ar vikšrą. Kaip parašyta Evangelijoje pagal Matą 15, 18: „O kas išeina iš burnos, eina iš širdies, ir tai suteršia žmogų." Nuodėmė suteršia žmogų iki kaulo smegenų ir sukelia didžiulį skausmą.

Kas būna, kai žmona sužino apie vyro neištikimybę? Kaip jai skaudu! Tas pats ir priešingu atveju. Šeimoje kyla nesantaika, kuri kartais baigiasi net skyrybomis. Todėl turime kuo greičiau atmesti kūno geismą, nes jis pagimdo nuodėmę, kuri atneša liūdnas pasekmes.

Akių geismas

„Akių geismas" paskatina žmogų per girdėjimą ir matymą ieškoti kūniškų dalykų. Nors ir vadinamas „akių geismu", jis prasiskverbia į augančių žmonių širdį per matymo, girdėjimo ir pojūčių procesus. Tai, ką jie mato ir girdi, sujaudina jų širdį ir formuoja „akių geismą".

Kai ką nors matai ir priimi susijaudinęs, tas jausmas vėl sugrįš, kai vėl pamatysi ką nors panašaus. Net nepamatęs, bet tik išgirdęs apie tą dalyką, prisiminsi buvusią praeitį ir sužadinsi savo akių geismą. Jei nuolat sužadini akių geismą, jis ima kurstyti kūno geismą ir galiausiai padarai nuodėmę.

Kas atsitiko, kai Dovydas pamatė Ūrijo žmoną Batšebą besimaudančią? Jis neatmetė akių geismo, tai pažadino jo kūno geismą paimti šią moterį. Galiausiai jis paėmė ją ir net padarė dar vieną nuodėmę – pasiuntė jos vyrą Ūriją į priekinę mūšio liniją, kad jis žūtų. Taip pasielgęs Dovydas užsitraukė didžiulį išbandymą.

Jeigu neatmetame akių geismo, jis sužadina mūsų nuodėmingą prigimtį. Pavyzdžiui, nepadorių vaizdų žiūrėjimas sužadina nuodėmingas mintis apie svetimavimą. Kai matome juos, akių geismas apima mus, ir šėtonas nukreipia mūsų mintis į netiesą.

Tikintieji į Dievą turi nepasiduoti akių geismui. Turite nematyti ir negirdėti netiesos, net neiti ten, kur galite susidurti su netiesa. Nesvarbu, kiek melsitės ir pasninkausite, galite melstis ištisas naktis, kad atsikratytumėte kūniškumo, jeigu neatmesite akių geismo, jūsų kūno geismas tik stiprės. Jums bus sunku įveikti kūno geismą ir labai sunku kovoti su nuodėmėmis.

Pavyzdžiui, jeigu karo metu miestą ginantys kariai, įsitvirtinę už jo sienų, gauna maistą ir ginklus iš už miesto ribų, jie gali ilgai kovoti. Priešams bus sunku pralaužti miesto gynybą. Norėdami užimti miestą turime apsupti jį ir atkirsti tiekimo linijas, kad priešai nebegautų maisto ir ginklų. Paskui atkakliai puldami išsekinsime ir nugalėsime priešus.

Jeigu priešas yra netiesos miestas, mūsų kūniškumas, tai pastiprinimai iš už miesto ribų yra akių geismas. Jei neatkertame akių geismo, negalėsime atmesti nuodėmių net pasninkaudami ir melsdamiesi, nes nuodėminga prigimtis bus nuolat stiprinama. Todėl visų pirma turime atmesti akių geismą, o paskui melstis ir pasninkauti, kad atsikratytume nuodėmių, ir Dievo malonė ir stiprybė bei Šventosios Dvasios pilnatvė išvaduos mus iš jų.

Pateiksiu paprastesnį pavyzdį. Jeigu ilgai pilsime švarų vandenį į indą su purvinu vandeniu, nešvarus vanduo galiausiai taps švarus. Bet kas bus, jei švarų ir purviną vandenį pilsime į indą vienu metu? Purvinas vanduo niekada nepavirs švariu, jei pilsime ne vien tyrą vandenį. Tai ir mes turime priimti tik tiesą, atmesdami visus melus, kad atmestume kūno darbus ir išsiugdytume dvasinę širdį.

Gyvenimo puikybė

Žmonės turi polinkį girtis. Gyvenimo puikybė yra mūsų prigimties tuštybė ir gyrimasis šio gyvenimo malonumais. Pavyzdžiui, žmonės giriasi savo šeima, vaikais, vyru arba žmona, brangiais drabužiais, geru namu ar papuošalais. Jie nori, kad jų išvaizda arba talentai būtų pripažinti, ir net giriasi draugyste su įtakingais žmonėmis ir garsenybėmis. Gyvendamas gyvenimo puikybe tu vertini šio pasaulio turtą, garbę, žinias, talentus bei išvaizdą ir entuziastingai sieki jų.

Kokia nauda iš gyrimosi tokiai dalykais? Mokytojo knyga 1, 2-3 sako, kad viskas šioje žemėje yra tik migla. Psalmyne 103, 15 pasakyta: „Žmogaus dienos panašios į žolę, jis žydi kaip laukų gėlė." Gyrimasis šiuo pasauliu nesuteikia mums tikros vertės ir gyvybės. Tai priešiškumas Dievui, vedantis į mirtį. Jei mes atmesime beprasmius kūno darbus, būsime laisvi nuo pagyrūniškumo bei pasaulio geismo ir augsime tik tiesoje.

Pirmame laiške korintiečiams 1, 31 parašyta, kad, kas giriasi, girtųsi Viešpačiu. Tai reiškia, kad turime aukštinti ne save, bet Dievą. Girkimės mus išgelbėjusio Viešpaties kryžiumi ir dangaus karalyste, kurią Jis paruošė mums. Turime girtis Dievo malone, palaiminimais, šlove ir viskuo, ką Jis mums davė. Dievui patinka, kai giriamės Viešpačiui, ir Jis atlygina mums materialiais ir dvasiniais palaiminimais.

Žmonių pareiga yra pagarbiai bijoti Dievo ir mylėti Jį, ir kiekvieno žmogaus vertę nulems jo dvasingumo laipsnis (Mokytojo knyga 12, 13).

Kai atsikratome visų nuodėmių ir pikto – kūno darbų ir reikalų, mes atgauname prarastą panašumą į Dievą ir galime pasiekti pirmojo žmogaus Adomo, kuris buvo gyva dvasia, lygmenį. Tai reiškia, kad mes galime tapti dvasios ir tik dvasios žmonėmis. Todėl turime netenkinti kūno geidulių, bet apsirengti Kristumi.

4 skyrius
Gyvos dvasios lygmuo

Kai sugriauname kūniškas mintis, kūniškas sielos veikimas pradingsta ir lieka tik dvasiai pavaldžios sielos veikimas. Siela visiškai paklūsta savo šeimininkei dvasiai, tardama: „Amen". Kai šeimininkė atlieka šeimininkės vaidmenį, o tarnaitė – tarnaitės, sakome, kad mūsų siela klesti.

Ribota žmogaus širdis

Tapimas dvasios žmogumi

Gyva dvasia ir išugdyta dvasia

Dvasinis tikėjimas yra tikroji meilė

Šventumo link

Nors naujagimiai yra žmonės, jie neprilygsta suaugusiems. Jie neturi jokio pažinimo, neatpažįsta net savo tėvų. Jie negali išgyventi patys. Panašiai ir Adomas, būdamas sukurtas gyva dvasia, pradžioje negalėjo atlikti savo pareigų. Jis pasidarė reikšmingas tik po to, kai buvo pripildytas dvasinio pažinimo. Jis tapo visos kūrinijos valdovu, kai Dievas jam asmeniškai suteikė dvasinį pažinimą. Tuo metu Adomo širdis buvo pati jo dvasia, todėl žodis „širdis" buvo nereikalingas.

Tačiau Adomas padarė nuodėmę, ir jo dvasia mirė. Dvasinis pažinimas po truputį nyko, o jo vietą užėmė priešo velnio ir šėtono atneštas kūniškas pažinimas. Adomo širdis nebegalėjo vadintis dvasia, ir nuo tada ji vadinama širdimi.

Pradžioje Adomo širdis buvo sukurta pagal Dievo, kuris yra dvasia, paveikslą. Adomo širdis plėtėsi pagal įgytą dvasinį pažinimą, bet po jo dvasios mirties, netiesos pažinimas apsupo dvasią, ir dabar širdies dydis turi konkrečias ribas. Per šeimininke tapusią sielą žmonės pradėjo kaupti įvairias žinias ir skirtingai jas panaudoti. Žmonių širdys labai skiriasi, priklausomai nuo skirtingo pažinimo ir nevienodo žinių panaudojimo.

Todėl net turintieji gana didelę širdį negali peržengti savojo teisumo, asmeninių proto rėmų ir teorijų nustatytų ribų. Tačiau priėmę Viešpatį Jėzų Kristų, gavę Šventąją Dvasią ir per Ją atgiję dvasia galime peržengti žmogaus ribas. Be to, ugdydami dvasinę širdį, vis daugiau sužinome apie beribę dvasinę karalystę.

Ribota žmogaus širdis

Kai žmonių siela klauso Dievo žodžio, iš pradžių žinia pasiekia smegenis, paskui mintys ją apdoroja. Todėl žmonės negali priimti Dievo žodžio širdimi, suprasti dvasinių dalykų ir pakeisti savęs tiesa. Jie bando suprasti dvasinę karalystę savo ribota širdimi ir apie daug ką sprendžia. Žmonės turi daug klaidingų įsivaizdavimų net apie Biblijos patriarchus.

Kai dievas įsakė Abraomui paaukoti savo vienintelį sūnų Izaoką, pasak kai kurių aiškintojų, Abraomui buvo labai sunku paklusti. Jie sako, kad Dievas leido jam tris dienas keliauti iki Morijos kalno ir išbandė Abraomo tikėjimą; pakeliui Abraomas išgyveno didžią agoniją, galvodamas klausyti ar neklausyti Dievo įsakymo, bet galų gale nutarė paklusti Dievo žodžiui.

Ar Abraomas turėjo šių problemų? Jis išėjo anksti rytą, net nepasitaręs su savo žmona Sara. Jis visiškai pasitikėjo Dievo, kuris gali prikelti mirusius, galia ir gerumu, todėl nedvejodamas galėjo atiduoti savo sūnų Izaoką. Dievas matė jo širdį ir pripažino jo tikėjimą bei meilę. Abraomas tapo tikėjimo tėvu ir buvo vadinamas Dievo draugu.

Jeigu žmogus nesupranta Dievui patinkančio tikėjimo ir paklusnumo lygio, jis klaidingai supras šiuos dalykus, nes jo mintys yra susaistytos ribotos širdies ir žmogiškų tikėjimo standartų. Mes suprantame tuos, kas myli Dievą aukščiausio laipsnio meile ir patinka Dievui, todėl atmetame savo nuodėmes ir ugdome dvasinę širdį.

Tapimas dvasios žmogumi

Dievas yra dvasia, todėl nori, kad ir Jo vaikai taptų dvasios žmonėmis. Ką daryti, kad taptume dvasios žmonėmis, ir mūsų dvasia užvaldytų sielą ir kūną? Visų pirma atmesti neteisingas arba tiksliau kūniškas mintis, kad šėtonas nebevaldytų mūsų. Turime girdėti Šventosios Dvasios balsą, prabylantį į mūsų širdies per Tiesos žodį. Mūsų siela turi visiškai paklūsti šiam balsui. Kai klausome Dievo žodžio, turime priimti jį, tardami: „Amen", ir karštai melstis, kol suprasime dvasinę Jo žodžio prasmę.

Jei taip gyvendami pasieksime Šventosios Dvasios pilnatvę, dvasia taps mūsų šeimininke, ir pereisime į naują dvasinį lygmenį, kasdien bendraudami su Dievu. Visiškai paklusdama šeimininkei siela elgiasi kaip vergė, tada sakome , kad mūsų siela klesti. Jeigu mūsų siela klestės, mes klestėsime visose srityse ir būsime sveiki.

Jeigu aiškiai suprantame ir atgaiviname sielos veikimą pagal Dievo valią, mes nebepasiduodame šėtono kurstymams. Taip mes atgauname prarastą Dievo paveikslą, kurį Adomas prarado per savo nuopuolį. Kai nusistovi teisinga tvarka tarp dvasios, sielos ir kūno, tampame ištikimais Dievo vaikais. Mes pereiname į gyvos dvasios lygmenį, kuriame Adomas gyveno iki nuopuolio. Mes ne tik gauname valdžią ir galią valdyti visą kūriniją, bet ir patirsime amžiną džiaugsmą ir laimę dangaus karalystėje, kuri yra aukštesnio lygmens negu Edeno sodas. Kaip parašyta Antrame laiške korintiečiams 5, 17: „Taigi kas yra Kristuje, tas yra naujas kūrinys. Kas buvo sena, praėjo, štai atsirado nauja," mes tampame visiškai naujais kūriniais Viešpatyje.

Gyva dvasia ir išugdyta dvasia

Kai paklūstame Dievo įsakymams nedaryti tam tikrų dalykų ir laikytis Jo valios, nedarome kūno darbų ir gyvename tiesoje. Tokiu pat mastu mes vis labiau tampame dvasiniais žmonėmis.

Kol esame kūniški žmonės, darantys netiesą, turime įvairių problemų ir sergame, bet kai tapsime dvasiniais žmonėmis, klestėsime visuose srityse ir būsime sveiki.

Taip pat, kai atmesime piktus darbus, kuriuos Dievas liepia mums palikti, mūsų „kūno reikalai" ir kūniškos mintys bus sugriauti, mes turėsime tiesos valdomą sielą. Kai mūsų mintys bus tik tiesoje, aiškiau girdėsime Šventosios Dvasios balsą. Jeigu visiškai paklusime Dievo įsakymams, ką daryti, ko nedaryti ir ką atmesti, būsime pripažinti dvasiniais žmonėmis, nes nebeturėsime jokios netiesos savyje. Dar daugiau, jeigu darysime viską, ką Dievas mums sako, tapsime sveikos dvasios žmonėmis.

Be to, dvasiniai žmonės labai skiriasi nuo Adomo, kuris buvo gyva dvasia. Adomas ugdomas niekada nebuvo patyręs kūniškumo, todėl jis negali būti laikomas visiškai dvasine būtybe. Jis nežinojo sielvarto, skausmo, mirties ir atskyrimo, kuriuos sukelia kūniškumas. Kita vertus, tai reiškia, kad jis negalėjo tikrai branginti, dėkoti ir mylėti. Nors Dievas jį labai mylėjo, jis nesuprato, kokia brangi yra Dievo meilė. Jis turėjo viską, kas geriausia, bet nesijautė labai laimingas. Jis negalėjo būti ištikimas Dievo vaikas, kuris dalinasi savo širdimi su Dievu. Tik patyręs ir supratęs kūniškumą jis galėjo tapti tikra dvasine būtybe.

Kai Adomas buvo gyva dvasia, jis nepatyrė nieko kūniško.

Tačiau jis visada turėjo galimybę priimti kūniškumą ir sugesti. Adomo dvasia nebuvo ideali ir tobula tikrąja to žodžio prasme, jo dvasia galėjo mirti. Todėl jis buvo pavadintas gyva būtybe, kuri reiškia gyvą dvasią. Galite paklausti, kaip gyva dvasia galėjo pasiduoti šėtono gundymui. Pateiksiu palyginimą.

Tarkime, šeimoje gyvena du labai paklusnūs vaikai. Vienas iš jų kartą buvo nusideginęs karštu vandeniu, o kitas niekada nebuvo to patyręs. Vieną dieną motina parodė jiems virdulį su verdančiu vandeniu ir liepė jo neliesti. Paprastai jie labai klausė savo mamos, todėl abu nelietė virdulio.

Tačiau vienas vaikas jau yra patyręs, koks pavojingas karštas virdulys, todėl noriai paklūsta. Jis supranta motinos mylinčią širdį ir žino, kad ji įspėja juos, norėdama apsaugoti. Kitas vaikas priešingai, neturi tokios patirties, ir jam pasidaro smalsu, pamačius iš virdulio kylančius garus. Jie negali suprasti savo mamos įspėjimo tikslo, todėl iš smalsumo gali bet kada paliesti virdulį.

Tas pats buvo du Adomo gyva dvasia. Jis girdėjo, kad nuodėmės ir pyktis yra baisūs, bet niekada nebuvo jų patyręs. Jis niekaip negalėjo aiškiai suprasti, kas yra nuodėmė ir pyktis. Niekada nepatyręs skirtingų dalykų reliatyvumo, jis galiausiai pasidavė šėtono gundymui savo laisva valia ir valgė uždrausto vaisiaus. Gyvos dvasios Adomas nesuprato skirtingų dalykų reliatyvumo, todėl Dievas norėjo turėti ištikimų vaikų, kurie patyrę kūniškumą įgytų dvasinę širdį ir niekada, jokiomis aplinkybėmis nesulaužytų ištikimybės. Jie labai gerai supranta kūno ir dvasios priešiškumą. Jie patyrė nuodėmes, pyktį, skausmą ir sielvartą šiame pasaulyje, todėl žino, koks skausmingas, purvinas ir beprasmis yra kūnas. Taip pat jie labai gerai supranta dvasią, kūno priešingybę. Jie žino, kokia ji nuostabi ir gera, todėl savo laisva valia niekada nebepriims kūniškumo. Tai ir yra skirtumas tarp gyvos dvasios ir išugdytos.

Gyva dvasia tik besąlygiškai paklūsta, tuo tarpu išugdyta dvasia paklūsta iš širdies, patyrusi ir gera, ir pikta. Dar daugiau, dvasiniai žmonės, kurie atmetė visas nuodėmes ir piktybes, bus palaiminti įžengimu į trečiąją dangaus karalystę tarp skirtingų dangaus buveinių – Naujosios Jeruzalės miestą, skirtą sveikos dvasios žmonėms.

Dvasinis tikėjimas yra tikroji meilė

Kai tapsime dvasiniais žmonėmis savo tikėjimo kelionėje, patirsime visiškai naujo lygmens laimę ir džiaugsmą. Mes turėsime tikrą ramybę širdyje. Mes visuomet džiaugsimės, be paliovos melsimės ir už viską dėkosime, kai parašyta Pirmame laiške tesalonikiečiams 5, 16-18. Mes suprasime Dievo širdį ir valią dovanoti mums tikrąją laimę, todėl mylėsime Dievą visa širdimi ir dėkosime Jam.

Mes girdėjome, Kad Dievas yra meilė, bet prieš tapdami dvasios žmonėmis, nepajėgiame tikrai suvokti šios meilės. Tik supratę Dievo apvaizdą per žmogaus ugdymo procesą, mes įgyjame gilų suvokimą, kad Dievas yra pati meilė, ir visų pirma turime mylėti jį labiau už viską.

Kol neišrauname kūno iš savo širdies, mūsų meilė ir dėkingumas yra netikri. Nors sakome, kad mylime Dievą ir esame Jam dėkingi, mūsų nusistatymas pasikeičia, kai reikalai pasisuka mums nenaudinga linkme. Mes sakome esą dėkingi, kai viskas gerai sekasi, bet greitai pamirštame malonę, laikui bėgant. Sunkumams užklupus, užuot prisiminę malonę, mes puolame į neviltį ar net supykstame. Mes pamirštame savo dėkingumą ir gautą malonę.

Tačiau dvasinių žmonių dėkingumas kyla iš širdies gelmių ir nesikeičia, laikui bėgant. Jie supranta Dievo apvaizdą, nepaisydami visų nepakeliamų ugdymo skausmų žino, kad Jis ugdo žmones, ir tikrai dėkoja iš širdies gelmių. Jie tikrai myli ir dėkoja Viešpačiui Jėzui, kuris kentėjo už mus ant kryžiaus, ir

Šventajai Dvasiai, vedančiai mus į tiesą. Jų meilė ir dėkingumas niekada nesikeičia.

Šventumo link

Nuodėmės sugadino žmones, bet priėmus Jėzų Kristų ir išgelbėjimo malonę, tikėjimas ir Šventosios Dvasios galia juos keičia. Paskui jie gali pasiekti gyvos dvasios lygmenį. Kokiu mastu jie išrauna netiesą iš savo vidaus ir prisipildo tiesa, tokiu mastu tampa dvasiniais žmonėmis ir pasiekia šventumą.

Dažniausiai, kai mato piktus dalykus, žmonės sujungia juos su netiesa savyje, todėl jų jausmai ir mintys yra pikti. Todėl jie linkę daryti piktus darbus. Tačiau pašventintieji nebeturi jokios netiesos viduje, todėl neturi piktų minčių ir nedaro piktų darbų. Visų pirma jie nežiūri į piktus dalykus, bet jeigu ir pamato, nesujungia jų su piktomis mintimis ir darbais.

Mes laikomi pašventintais, jeigu ugdome tyrą širdį, kurioje nėra jokios kliaudos ar dėmės, išraudami net ir širdies gelmėse įsišaknijusį pyktį. Turintieji tik dvasines mintis arba, kas mato, girdi, kalba ir daro tik tiesą, yra ištikimieji Dievo vaikai, pasiekę gyvos dvasios lygmenį.

Jono pirmame laiške 5, 18 parašyta: „Mes žinome, jog kiekvienas gimusis iš Dievo nedaro nuodėmių, bet Dievo

Pagimdytasis saugo jį, ir piktasis jo nepaliečia." Dvasinėje karalystėje galia yra nenuodėmingumas. Nuodėmės neturėjimas yra šventumas. Todėl mes galime atgauti valdžią, kuri buvo duota gyvos dvasios Adomui, ir nugalėti priešą velnią ir šėtoną tokiu mastu, kokiu atmetame nuodėmes.

Kai tampame dvasiniais žmonėmis, velnias negali net paliesti mūsų, o kai tampame sveikos dvasios žmonėmis, gerais ir mylinčiais, mes darome galingus ir didžius Šventosios Dvasios darbus.

Mes galime tapti dvasiniais ir sveikos dvasios žmonėmis per pašventinimą (Pirmas laiškas tesalonikiečiams 5, 23). Jeigu galvojame apie Dievą, kuris ugdo žmoniją ir taip ilgai pakenčia ją, kad išsiugdytų ištikimų vaikų, tuomet suprantame, kad prasmingiausias gyvenimo tikslas yra tapti dvasiniu ir sveikos dvasios žmogumi.

 Dvasia, siela ir kūnas: 1 tomas

3 dalis

Dvasios atgaivinimas

Ar aš kūno žmogus, ar dvasios?
Kuo dvasia skiriasi nuo sveikos dvasios?

„Jėzus atsakė: ‚Iš tiesų, iš tiesų sakau tau: kas negims iš vandens ir Dvasios, neįeis į Dievo karalystę. Kas gimė iš kūno, yra kūnas, o kas gimė iš Dvasios, yra dvasia.'"
(Evangelija pagal Joną 3, 5-6)

1 skyrius
Dvasia ir sveika dvasia

Žmonėms reikia išganymo, nes jų dvasia negyva. Mūsų krikščioniškas gyvenimas yra atgaivintos dvasios augimo procesas.

Kas yra dvasia?

Dvasios atgaivinimas

Dvasios augimo procesas

Geros dirvos paruošimas

Kūniškumo pėdsakai

Sveikos dvasios požymiai

Dvasinių ir sveikos dvasios žmonių palaiminimai

Žmogaus dvasia mirė dėl Adomo nuodėmės. Nuo to laiko jos siela tapo šeimininke. Žmonės nuolat priima netiesą ir tenkina savo geidulius. Jie nebegali priimti išganymo. Jie yra valdomi šėtono įtakai pasidavusios sielos, daro nuodėmes ir eina į pragarą. Todėl visiems žmonėms reikia išgelbėjimo. Dievas ieško ištikimų vaikų, išganytų per žmonijos ugdymą, dvasinių ir sveikos dvasios žmonių.

Kaip parašyta Pirmame laiške korintiečiams 6, 17: „Taip pat, kas susijungia su Viešpačiu, tampa viena dvasia su juo," ištikimi Dievo vaikai dvasia susijungia su Jėzumi Kristumi.

Kai priimame Jėzų Kristų, mes pradedame gyventi tiesoje Šventosios Dvasios padedami. Jeigu gyvename tiesoje visa širdimi, tampame dvasiniais žmonėmis, turinčiais Viešpaties širdį. Tai įvyksta, kai tampame viena dvasia su Viešpačiu. Nors tampame viena dvasia, Dievo ir žmogaus dvasios yra visiškai skirtingos. Dievas yra dvasia be fizinio kūno, bet žmogaus dvasia gyvena fiziniame kūne. Dievas turi dangiškos dvasios pavidalą, o žmogus – dvasios fiziniame kūne, sukurtame iš žemės dulkių. Dievas Kūrėjas tikrai be galo skiriasi nuo žmonių, kurie yra kūriniai.

Kas yra dvasia?

Daug kas mano, kad „dvasia" yra žodžio „siela". Lietuvių kalbos žodynas sako, kad dvasia yra „kvėpavimas, atsikvėpimas; iškvepiamas ir įkvepiamas oras arba įsivaizduojama bekūnė būtybė, siela, vėlė". Dievui dvasia niekada nemiršta, neišnyksta ir nesikeičia, ji amžina. Ji yra pati gyvybė ir tiesa.

Jeigu šioje žemėje ieškotume medžiagos, turinčios dvasios savybes, tai būtų auksas. Jo žėrėjimas nesikeičia, laikui bėgant, jis neišnyksta ir nesikeičia. Todėl Dievas lygina mūsų tikėjimą su tyru auksu ir stato buveines danguje iš aukso ir brangakmenių.

Pirmasis žmogus Adomas gavo dalį tikrosios Dievo prigimties, kai Dievas įkvėpė jam į šnerves gyvybės alsavimą. Adomas buvo sukurtas su netobula dvasia, nes turėjo galimybę tapti kūniška būtybe su žemės savybėmis. Jis nebuvo tik dvasia. Jis buvo gyva dvasia, gyva būtybė.

Kodėl Dievas sukūrė Adomą Adam su gyva dvasia? Jis norėjo,

kad Adomas pranoktų gyvos dvasios lygmenį, patyręs kūniškumą per žmogaus ugdymą ir taptų sveikos dvasios žmogumi. Šis planas skirtas ne tik Adomui, bet ir visiems jo palikuonims. Todėl Dievas paruošė Gelbėtoją Jėzų ir Padėjėją Šventąją Dvasią prieš amžių pradžią.

Dvasios atgaivinimas

Adomas, būdamas gyva dvasia, gyveno Edeno sode neišmatuojamą laiko tarpą, bet galiausiai jo ryšys su Dievu nutrūko dėl nuodėmės. Tuomet šėtonas pradėjo skiepyti jame netiesos pažinimą per sielą. Šiame procese Dievo duotas dvasinis pažinimas pradėjo nykti, ir jo vietą užėmė kūniškas turinys – šėtono duotas netiesos pažinimas.

Laikui bėgant, kūniškumas vis labiau užvaldė žmogų. Netiesa apgaubė ir nustelbė gyvybės sėklą žmoguje. Netiesa taip užgožė gyvybės sėklą, kad ji tapo visiškai neveikli. Kai gyvybės sėkla tampa visiškai neveikli, sakome, kad dvasia mirusi. Tai reiškia, kad Dievo šviesa, atgaivinanti gyvybės sėklą, pasitraukė. Ką daryti, kad atgaivintume mirusią dvasią?

Pirma, turime gimti iš vandens ir Dvasios.

Kai klausome Dievo žodžio, kuris yra tiesa, ir priimame

Jėzų Kristų kaip savo Gelbėtoją, Dievas atsiunčia Šventosios Dvasios dovaną į mūsų širdį. Evangelijoje pagal Joną 3, 5 Jėzus Kristus sako: „Iš tiesų, iš tiesų sakau tau: kas negims iš vandens ir Dvasios, neįeis į Dievo karalystę." Mes būname išgelbėti tik gimę iš vandens, kuris yra Dievo žodis, ir Šventosios Dvasios.

Šventoji Dvasia ateina į mūsų širdį ir atgaivina gyvybės sėklą. Tai mūsų mirusios dvasios atgaivinimas. Šventoji Dvasia padeda mums atmesti kūniškumą, kuris yra netiesa mumyse, sugriauti neteisingus sielos darbus, Ji siunčia mums tiesos pažinimą. Jeigu negauname Šventosios Dvasios, mūsų mirusi dvasia neatgyja, ir mes nepajėgiame suprasti dvasinės Dievo žodžio prasmės. Žodis, kurio nesuprantame, negali būti pasėtas mūsų širdyje, ir mes neįgyjame dvasinio tikėjimo. Mes įgyjame dvasinį supratimą ir širdies tikėjimą tik su Šventosios Dvasios pagalba. Kartu įgyjame jėgos vykdyti Dievo žodį ir gyventi juo melsdamiesi. Be Šventosios Dvasios pagalbos per maldas neturime jėgų laikytis Dievo žodžio.

Antra, turime nuolat atgimti dvasia per Šventąją Dvasią.

Kai mūsų mirusi dvasia atgyja, gavusi Šventąją Dvasią, turime nuolat papildyti savo dvasią tiesos pažinimu. Tai dvasios gimimas iš Šventosios Dvasios. Kai Šventosios Dvasios padedami karštai meldžiamės, iki kraujo grumdamiesi su nuodėme, piktybė ir netiesa pasitraukia iš mūsų širdies. Kuo daugiau priimame Šventosios Dvasios siunčiamo tiesos pažinimo, kuris yra meilė, gerumas, teisingumas, romumas ir nuolankumas, tuo daugiau tiesos ir gerumo turime širdyje. Kitaip tariant, tiesos priėmimas per Šventąją Dvasią pasuka atgal procesą, per kurį žmonija sugedo po Adomo nuopuolio.

Tačiau kai kurie žmonės, gavę Šventąją Dvasią nekeičia savo širdies. Jie nepaklūsta Šventajai Dvasiai, bet toliau gyvena nuodėmėse, tenkindami kūno geidulius. Iš pradžių jie bando atsisakyti nuodėmių, bet paskui jų tikėjimas tampa drungnas, ir jie liaujasi kovoję su nuodėmėmis. Liovęsi kovoti su nuodėmėmis, jie susidraugauja su pasauliu ir daro nuodėmes. Jų apvalyta ir išbalinta širdis vėl susitepa nuodėme. Net gavus Šventąją Dvasią, nuolat į netiesą panardinama širdis neleidžia augti gyvybės sėklai.

Pirmas laiškas tesalonikiečiams 5, 19 perspėja mus: „Negesinkite Dvasios!" Galime pasiekti būseną, kai mus vadins gyvais, bet jeigu gavę Šventąją Dvasią nesikeičiame, esame mirę (Apreiškimas Jonui 3, 1). Net gavę Šventąją Dvasią galime palaipsniui užgesinti Ją, gyvendami nuodėmėse ir nelabume.

Todėl turime nuolat stengtis keisti savo širdį, kol ji taps pilna tiesos. Jono pirmame laiške 2, 25 parašyta: „Štai pažadas, kurį jis pats mums yra davęs, amžinasis gyvenimas." Taip, Dievas davė mums pažadą, bet su viena sąlyga.

Mes turime būti susijungę su Viešpačiu ir Dievu, vykdydami išgirstą Dievo žodį, kad gautume amžinąjį gyvenimą. Mes nebūsime išganyti, net jei sakysime, kad tikime į Viešpatį, jeigu negyvensime Dieve ir Viešpatyje.

Dvasios augimo procesas

Evangelija pagal Joną 3, 6 sako: „Kas gimė iš kūno, yra kūnas, o kas gimė iš Dvasios, yra dvasia." Kaip parašyta, mes negalime gimti dvasia, laikydamiesi kūniškumo.

Šventajai Dvasiai atgaivinus mūsų mirusią dvasią, ji turi augti. Kas bus, jeigu kūdikis blogai augs arba visai nustos augti? Jis negalės normaliai gyventi. Tas pats ir su dvasiniu gyvenimu. Gavę gyvybę Dievo vaikai turi stiprinti savo tikėjimą ir dvasiškai augti.

Biblija sako, kad kiekvieno mūsų tikėjimo mastas yra kitoks (Laiškas romiečiams 12, 3). Pirmame Jono laiške 2, 12-14 parašyta apie skirtingus tikėjimo lygius – vaikelių, jaunuolių ir tėvų:

Rašau jums, vaikeliai: jo vardu atleistos jums nuodėmės. Rašau jums, tėvai: jūs pažįstate tą, kuris yra nuo pradžios. Ir jums, jaunuoliai, rašau: jūs nugalėjote piktąjį. Parašiau jums, vaikeliai: jūs pažįstate Tėvą. Parašiau ir jums, tėvai: pažįstate tą, kuris yra nuo pradžios. Ir jums, jaunuoliai, tai parašiau: jūs tvirti ir laikosi jumyse Dievo žodis, ir jūs nugalėjote piktąjį.

Dievas duoda mums tiek tikėjimo iš aukštybių, kiek mes pasikeičiame ir įgyjame ištikimą širdį. Tai tikėjimas širdimi, kuris yra gimimas dvasia per Šventąją Dvasią. Šventoji Dvasia leidžia mums gimti dvasia ir padeda augti tikėjime. Šventoji Dvasia ateina į mūsų širdį ir moko mus tiesos apie nuodėmę, teisumą ir teismą (Evangelija pagal Joną 16, 7-8). Ji padeda mums tikėti į Jėzų Kristų.

Taip pat Ji padeda mums suvokti dvasinę Dievo žodžio prasmę ir priimti jį širdimi. Šiame procese mes atgauname Dievo paveikslą ir tampame ištikimais Dievo vaikais, dvasiniais ir sveikos dvasios žmonėmis.

Turime sugriauti savo kūniškas mintis, kad mūsų dvasia augtų. Kūniškos mintys susiformuoja, kai netiesa mūsų širdyse reiškiasi per neteisingą dvasios veikimą. Pavyzdžiui, jeigu turi pikto savo širdyje ir išgirsti, kad kas nors tave apkalbėjo, visų pirma tavo siela veikia vadovaudamasi netiesa. Kūniškos mintys sukyla tavyje, galvoji, kad tas žmogus blogai išauklėtas, įsižeidi ir pasiduodi kitiems blogiems jausmams.

Šią akimirką šėtonas valdo sielą. Šėtonas atneša piktas mintis. Per šį sielos veikimą sukyla širdies netiesa, kuri yra kūno reikalai, pavyzdžiui, pyktis, neapykanta, nuoskauda ir puikybė. Užuot stengęsis suprasti kitus, tu nori tučtuojau demaskuoti apkalbinėtoją.

Aukščiau minėti kūno reikalai taip pat priklauso kūniškoms mintims. Jeigu savasis teisumas, savieji supratimai ir teorijos pasireiškia sielos veikime, tai taip pat kūno reikalai. Tarkime, žmogus turi proto rėmus, jis tvirtai įsitikinęs, kad negalima kompromituoti tikėjimo. Jis neabejoja, kad jo įsitikinimai teisingi, ir kaltina kitus, nepaisydamas jų tikėjimo brandos ir kitų aplinkybių. Taip pat, jeigu žmogus nusistatęs, kad bus labai sunku ko nors pasiekti, ir mano, kad blaiviai vertina gyvenimo tikrovę, jis taip pat pasiduoda kūniškoms mintims.

Net gavę Šventąją Dvasią, priimdami Viešpatį Jėzų, mes vis tiek turime kūniškų minčių, kol neatsikratome kūniškumo. Mums kyla dvasinių minčių, kai sužinome tiesą, kuri yra Dievo žodis, bet kūniškos mintys sukyla iš netiesos pažinimo. Šventoji Dvasia negali įlieti tiesos pažinimo ten, kur mes laikomės kūniškų minčių.

Todėl laiške romiečiams 8, 5-8 parašyta: „Kurie gyvena pagal kūną, tie rūpinasi kūno reikalais, o kurie gyvena pagal

Dvasią Dvasios reikalais. Kūno rūpesčiai veda į mirtį, o Dvasios rūpesčiai į gyvenimą ir ramybę. Kūno rūpesčiai priešiški Dievui; jie nepaklūsta Dievo įstatymui ir net negali paklusti. Kas gyvena kūniškai, negali patikti Dievui."

Ši Šventojo Rašto vieta sako, kad dvasingumas pasiekiamas tik palaužus kūniškas mintis. Gyvenantieji kūniškai negali nemąstyti kūniškai, todėl jų mintys, žodžiai ir darbai nukreipti prieš Dievą.

Vienas iš ryškiausių sukilimo prieš Dievą dėl kūniškų minčių pavyzdžių yra karaliaus Sauliaus istorija Samuelio pirmoje knygoje, 15-ame skyriuje. Dievas įsakė jam pulti Amaleką ir sunaikinti viską. Tai buvo amalekitų baudimas už jų visuotinį sukilimą prieš Dievą.

Tačiau Saulius, laimėjęs mūšį, pasiėmė geriausius galvijus, sakydamas, kad nori paaukoti juos Dievui. Jis paėmė į nelaisvę karalių Amaleką, užuot sunaikinęs jį. Saulius norėjo pasipuikuoti. Jis nepakluso, nes kūniškos mintys sukilo iš jo godumo ir puikybės. Apakintas savo godumo ir pasipūtimo jis pasidavė kūniškoms mintims ir galiausiai gėdingai mirė.

Pagrindinė kūniškų minčių priežastis yra netiesa mūsų širdyje. Jeigu mūsų širdyje būtų tik tiesos pažinimas, niekada neturėtume kūniškų minčių. Neturintieji kūniškų minčių turi tik dvasines mintis. Jie paklūsta Šventosios Dvasios balsui ir vedimui, jie patiria Dievo meilę ir darbus.

Mes turime rūpestingai atmesti netiesą ir prisipildyti tiesa, kuri yra Dievo žodis. Prisipildyti tiesa nereiškia pažinti ją tik protu, mes turime pripildyti ir ugdyti širdį Dievo žodžiu. Tuo pačiu metu turime pakeisti savo mintis dvasinėmis mintimis. Bendraudami su kitais arba matydami kokius nors įvykius turime ne teisti ir smerkti juos savo požiūriu, bet stengtis pamatyti tiesą. Mes turime nuolat pasitikrinti, ar visada rodome kitiems gerumą, meilę ir teisingumą, ir keistis. Taip mes dvasiškai augame.

Geros dirvos paruošimas

Patarlių knyga 4, 23 sako: „Atsidėjęs saugok savo širdį, nes iš jos teka gyvenimo šaltiniai." Gyvenimo šaltiniai trykšta iš širdies. Mes nuimame vaisių derlių, pasėję sėklas lauke, tik po to, kai jos išdygsta, sužydi ir subrandina vaisius. Labai panašiai mes sulaukiame dvasios vaisių, tik pasėję Dievo žodį savo širdyje.

Dievo žodis yra gyvybės šaltinis ir atlieka du darbus mūsų širdyje. Jis išrauna nuodėmes bei netiesą iš mūsų širdies ir augina vaisius. Biblijoje yra labai daug įsakymų, bet visi priklauso vienai iš keturių kategorijų: daryk, nedaryk, laikykis ir atmesk tam tikrus dalykus. Pavyzdžiui, Biblija liepia mums atmesti godumą ir visas pikto formas. Taip pat nedarymo kategorijai priklauso įsakymai nelaikyti neapykantos ir neteisti. Paklusnumas šiems įsakymams išrauna nuodėmes iš mūsų širdies. Dievo žodis pasiekia mūsų širdį ir paruošia joje gerą dirvą.

Vaisių nesulauksime, jeigu suarsime lauką ir nieko nedarysime. Turime sėti tiesos ir gerumo sėklas į išpurentą širdies dirvą, kad atneštume devynis Šventosios Dvasios vaisius, įgytume Kalno pamokslo palaiminimus ir dvasinę meilę. Nešti vaisių reiškia vykdyti įsakymus, liepiančius laikytis konkrečių Dievo nurodymų. Laikydamiesi Dievo įsakymų mes galiausiai atnešame vaisių.

Tapimo dvasiniu žmogumi procesas yra toks pat kaip mūsų širdies dirvos įdirbimas. Mes įdirbame lauką, suardami jį, išrinkdami akmenis ir išravėdami piktžoles. Panašiai turime atmesti visus kūno darbus ir reikalus, paklusdami Dievo žodžiui, liepiančiam nedaryti tam tikrų darbų ir atmesti tam tikrus dalykus. kiekvienas žmogus turi įvairių rūšių pikto. Todėl jei išrauname blogio, kuriuo mums labai sunku atsikratyti, šaknį, visos kitos su juo susiję blogio formos išsirauna kartu. Pavyzdžiui, jeigu žmogus atsikrato didžiulio pavydo, iš pastarojo kylančios neapykanta, paskalos ir melagystės atkrenta kartu.

Kai išrauname pagrindinę pykčio šaknį, kartu atsikratome ir kitų pikto formų, pavyzdžiui, susierzinimo ir nusivylimo. Jeigu meldžiamės ir stengiamės atsikratyti pykčio, Dievas suteikia mums malonės ir jėgų, o Šventoji Dvasia padeda išrauti pyktį. Kai mes ištikimai laikysimės Tiesos žodžio savo kasdieniniame gyvenime, ateis Šventosios Dvasios pilnatvė, ir kūniškumo jėgos nusilps. Pavyzdžiui, jeigu žmogus supykdavo dešimt kartų per dieną, laikui bėgant, supyks devynis, septynis, penkis kartus, kol galiausiai pyktis išnyks. Taip elgdamiesi paruošiame gerą širdies dirvą, atsikratome nuodėmingų polinkių ir išsiugdome dvasinę širdį.

Be to, turime sėti širdyje Tiesos žodį, liepiantį mums mylėti, atleisti, tarnauti kitiems ir švęsti šabo dieną. Mes pradedami pildyti savo širdį tiesa ne tada, kai atsikratome visų netiesų. Netiesų atmetimas ir pakeitimas tiesomis turi būti daromas tuo pačiu metu. Kai per šį procesą tik tiesa lieka mūsų širdyje, mes tampame dvasiniais žmonėmis.

Vienas iš dalykų, kurių turime atsikratyti, kad taptume dvasiniais žmonėmis, yra mūsų pikta prigimtis. Pikti mūsų prigimties bruožai yra panašūs į dirvožemio savybes. Šios piktybės persiduoda vaikams iš tėvų per gyvybės energiją arba vadinamąją „či". Taip pat, kai augdami susiduriame su piktybėmis ir priimame jas, mūsų prigimtis tampa dar piktesnė. Blogis slypi mūsų prigimties gelmėse ir neatsiskleidžia normaliomis aplinkybėmis, todėl sunku jį atpažinti.

Net jeigu atmetame visas nuodėmes ir piktybes, regimas paviršiuje, atsikratyti blogio, slypinčio mūsų prigimties gelmėse, tikrai nelengva. Turime uoliai melstis ir stengtis atrasti jį ir atmesti.

Kartais, pasiekus tam tikrą tašką, mūsų dvasinis augimas sustoja. Taip atsitinka dėl blogio mūsų prigimtyje. Ravėdami piktžoles turime išrauti jas su šaknimis, nepakanka nuskainioti lapus ir stiebus. Panašiai turime atsikratyti ir nuodėmingomis prigimties savybėmis, kad įgytume dvasinę širdį. Kai tampame dvasiniais žmonėmis, mūsų sąžinė tampa teisinga, ir širdis prisipildo tik tiesa. Tai reiškia, kad mūsų širdis tampa dvasia.

Kūniškumo pėdsakai

Dvasiniai žmonės neturi nieko pikto širdyje, ir būdami pilni Dvasios yra visada laimingi. Tačiau tai dar ne viskas. Jie vis dar turi kūniškumo pėdsakų. Kūniškumo pėdsakai yra susiję su kiekvieno žmogaus įgimtu charakteriu. Pavyzdžiui, vieni yra ištikimi, teisingi ir tiesūs, bet nepakankamai dosnūs ir gailestingi. Kito būna pilni meilės kitiems ir dosnumo, bet per daug emocingi arba šiurkštūs.

Šie bruožai yra jų asmenybės kūniškumo pėdsakai ir išlieka net tapus dvasiniais žmonėmis. Tai panašu į drabužį su įsisenėjusiomis dėmėmis. Jos visiškai neišnyksta, kad ir kiek skalbtume drabužį. Kūniškumo pėdsakai nėra blogis, bet turime juos atmesti ir subrandinti devynis Dvasios vaisius, kad taptume sveikos dvasios. Galima sakyti, kad širdis, visai nebeturinti netiesos kaip gerai įdirbta dirva, yra „dvasia". Kai sėkla pasėjama gerai paruoštoje širdies dirvoje ir atneša puikius dvasios vaisius, širdis tampa „sveikos dvasios".

Kai karalius Dovydas sutvirtėjo dvasia, Dievas leido jam patirti išbandymą. Vieną dieną Dovydas įsakė Joabui surašyti gyventojus. Jis norėjo žinoti, kiek turi kariauti tinkančių vyrų. Joabas žinojo, kad tai neteisinga Dievo akyse, ir bandė atkalbėti Dovydą, bet šis neklausė ir užsitraukė Dievo rūstybę,. Daugybė žmonių mirė nuo maro epidemijos.

Dovydas gerai žinojo Dievo valią. Kodėl jis taip pasielgė? Jis buvo ilgai persekiojamas karaliaus Sauliaus ir kovojo daugybėje mūšių su pagonimis. Net tikras sūnus persekiojo Dovydą ir kėsinosi į jo gyvybę. Tačiau ilgam laikui praėjus, kai jo politinė valdžia tapo labai tvirta, ir jo karalystės galia išaugo, jis pasidarė nerūpestingas ir panoro pasigirti savo šalies gyventojų skaičiumi.

Išėjimo knygoje 30, 12 parašyta: „Kai surašinėsi izraelitus, kiekvienas, įrašomas į sąrašą, turės mokėti VIEŠPAČIUI išpirkimo mokestį už savo gyvastį, kad būtų išvengta bet kokios rykštės tarp surašomųjų." Viena kartą Dievas įsakė Izraelio sūnums surašyti gyventojus po Išėjimo, bet tai buvo skirta tautos organizavimui. Kiekvienas iš surašomųjų turėjo sumokėti išpirkimo mokestį VIEŠPAČIUI, kad atsimintų, jog Dievas saugo jų gyvybę, ir būtų nuolankūs. Gyventojų surašymas nėra nuodėmė ir gali būti atliekamas, kai jo reikia. Tačiau Dievas norėjo nuolankaus pripažinimo, kad tautos skaitlingumo galia ateina iš Dievo.

Tačiau Dovydas surašė gyventojus Dievo nelieptas. Iš esmės tai atskleidė, kad jis širdyje pasikliovė ne Dievu, bet žmonėmis, nes didžiulė kariuomenė jam buvo tautos stiprybė. Kai Dovydas suprato savo kaltę, iš karto atgailavo, bet jis jau buvo didelių išbandymų kelyje. Maro epidemija nusiaubė visą Izraelio karalystę, per trumpą laiką mirė 70 000 žmonių.

Žinoma, tiek žmonių mirė ne tik dėl Dovydo puikybės. Karalius gali bet kada surašyti gyventojus, ir Dovydas neketino nusidėti. Žmonių požiūriu jis nenusidėjo. Tačiau tobulo Dievo požiūriu, Dovydas nevisiškai pasikliovė Juo ir buvo išpuikęs.

Žmonės gali nelaikyti ko nors blogiu, bet tobulo Dievo akyse tai gali būti blogis. Tai kūniškumo pėdsakai, išliekantys po pašventinimo. Dievas leido sunkiam išbandymui ištikti Izraelį per Dovydą, kad padarytų jį tobulesnį ir pašalintų net jo kūniškumo pėdsakus. Tačiau pagrindinė maro epidemijos Izraelio šalyje priežastis buvo žmonių nuodėmės, užtraukę Dievo rūstybę. Samuelio antroje knygoje 24, 1 parašyta: „VIEŠPATS vėl supyko ant Izraelio. Jis paskatino Dovydą prieš izraelitus, tardamas: ,Eik ir suskaityk Izraelio ir Judo žmones'".

Todėl maro metu geri žmonės, kurie galėjo būti išgelbėti, nebuvo nubausti. Tie, kurie mirė, pridarė tokių nuodėmių, kad buvo nepriimtini Dievui. Tačiau Dovydas labai gedėjo ir nuoširdžiai atgailavo, matydamas žmones mirštančius dėl jo poelgio. Dievas šio vieno įvykio metu atliko du darbus: nubaudė nuodėmingus žmones ir tuo pat metu apvalė Dovydą.

Po bausmės Dievas leido Dovydui atnašauti aukas prie Araunos klojimo. Dovydas padarė tai, ką Dievas kam liepė. Jis nupirko tą klojimą ir pradėjo ruoštis statyti šventyklą, tai reiškia, kad jis atgavo Dievo malonę. Per šį išbandymą Dovydas dar labiau nusižemino, ir jam tai buvo žingsnis, vedantis į sveiką dvasią.

Sveikos dvasios požymiai

Jeigu pasiekiame sveikos dvasios lygį, apie tai byloja akivaizdūs požymiai, nes užauginame gausų dvasios vaisių derlių. Tačiau tai nereiškia, kad mes neatnešime jokių vaisių, kol nepasieksime sveikos dvasios lygio. Dvasiniai žmonės brandina daug dvasinės meilės ir šviesos vaisių, devynis Šventosios Dvasios vaisius ir Kalno pamokslo palaiminimus. Kadangi jie dar brandinimo procese, šie vaisiai dar ne visai sunokę. Kiekvienas dvasinis žmogus skirtingai brandina dvasios vaisius.

Pavyzdžiui, jeigu žmogus klauso Dievo įsakymų, sakančių, ko laikytis ir ką atmesti, jis neturės neapykantos ir pykčio bet kokiose aplinkybėse. Tačiau jis turės mažiau dvasios vaisių, susijusių su Dievo įsakymu daryti tam tikrus darbus vykdymu. Pavyzdžiui, Dievas liepia mums mylėti. Galime pasiekti tokį lygį, kai nebeturime neapykantos kitiems, bet visai kitas lygis yra aktyvus tarnavimas kitiems, paliečiantis jų širdį. Dar aukštesnis lygis yra gyvybės atidavimas už kitus. Kai pasiryžimas aukotis niekada nesikeičia ir tampa tobulas, jis liudija, kad išsiugdėte sveiką dvasią.

Taip pat žmonės atneša nevienodą Šventosios Dvasios vaisių saiką. Dvasinių žmonių atveju, vienas gali atnešti 50 procentų pilno saiko, o kitas net 70. Vienas žmogus turi daug meilės, bet jam stinga susivaldymo, kitas labai ištikimas, bet nepakankamai nuolankus.

Tačiau sveikos dvasios žmonės atneša pilną saiką visų Šventosios Dvasios vaisių. Šventoji Dvasia valdo jų širdį šimtu procentų, jie pasiekė tobulumą, jiems nieko nestinga. Jie liepsnoja meile Viešpačiui, turėdami tobulą susivaldymą ir tinkamai elgiasi bet kokioje situacijoje.

Jie švelnūs ir romūs kaip balandžiai, tačiau orūs ir drąsūs kaip liūtai. Jie visur ieško kitų naudos ir net aukoja savo gyvybę už juos, bet neturi nė menkiausio šališkumo. Jie vadovaujasi Dievo teisingumu. Net Dievui įsakius padaryti tai, kas viršija žmogaus galimybes, jie paklūsta, sakydami „taip" ir „amen".

Išoriškai dvasinių žmonių ir sveikos dvasios žmonių paklusnumo darbai gali atrodyti vienodi, bet iš tiesų jie skirtingi. Dvasiniai žmonės paklūsta todėl, kad myli Dievą, tuo tarpu sveikos dvasios žmonės paklūsta, suprasdami Dievo širdį ir ketinimus. Sveikos dvasios žmonės yra tapę ištikimais Dievo vaikais, turinčiais Jo širdį, pasiekę Kristaus pilnatvę visose srityse. Jie siekia pašventinimo viskame, gyvena taikoje su visais ir yra ištikimi visuose Dievo reikaluose.

Pirmas laiškas tesalonikiečiams 4, 3 sako: „Tokia gi Dievo valia jūsų šventėjimas. Susilaikykite nuo svetimavimo!" Pirmame laiške tesalonikiečiams 5, 23 parašyta: „Pats ramybės Dievas jus tobulai tepašventina ir teišlaiko sveiką bei nepeiktiną jūsų dvasią, sielą ir kūną mūsų Viešpaties Jėzaus atėjimui."

Mūsų Viešpaties Jėzaus Kristaus atėjimas reiškia, kad Jis ateis pasiimti savo vaikų prieš didįjį suspaudimą, truksiantį septynerius metus. Tai reiškia, kad mes turime pasiekti sveikos dvasios lygį ir išlaikyki save tobulai pasiruošusius susitikti Viešpatį iki šio įvykio. Kai mes išsiugdysime sveiką dvasią, mūsų siela ir kūnas priklausys nepeiktinai dvasiai, būsime pasiruošę pasitikti Viešpatį.

Dvasinių ir sveikos dvasios žmonių palaiminimai

Dvasinių žmonių sielai sekasi, todėl viskas jiems sekasi, ir jie yra sveiki (Jono trečias laiškas 1, 2). Jie atsikrato pikto net iš savo širdies gelmių, ir yra šventi Dievo vaikai tikrąja to žodžio prasme. Jie įgyja Šviesos vaikų dvasinę valdžią.

Pirma, jie yra sveiki ir nesuserga jokiomis ligomis. Kai tampame dvasiniais žmonėmis, Dievas saugo mus nuo ligų ir nelaimių, mes džiaugiamės gyvendami sveiki. Net pasenę mes nenusensime, nenusilpsime, ir mūsų veiduose nedaugės raukšlių. Dar daugiau, jeigu išsiugdysime sveiką dvasią, net turimo raukšlės išsilygins. Sveikos dvasios žmonės atjaunėja ir atgauna jėgas.

Kai Abraomas išlaikė Izaoko paaukojimo išbandymą, jis tapo sveikos dvasios; jis susilaukė vaikų, būdamas virš 140 metų amžiaus. Tai reiškia, kad jis atjaunėjo. Mozė buvo nuolankiausias ir romiausias žmogus žemėje, jis buvo kupinas energijos 40 metų po to, kai Dievas pašaukė jį sulaukusį 80 metų amžiaus. Net kai jam buvo 120 metų, „akys dar nebuvo jam aptemusios, jėgos dar nebuvo išsekusios" (Pakartoto Įstatymo knyga 34, 7).

Antra, dvasiniai žmonės neturi pikto savo širdyje, todėl priešas velnias ir šėtonas negali atnešti jiems jokių išbandymų. Jono pirmas laiškas 5, 18 sako: „Mes žinome, jog kiekvienas gimusis iš Dievo nedaro nuodėmių, bet Dievo Pagimdytasis saugo jį, ir piktasis jo nepaliečia. Priešas velnias ir šėtonas kaltina kūniškus žmones ir atneša jiems išbandymų.

Jobas dar nebuvo apsivalęs nuo visų piktybių savo prigimtyje, kai šėtonas kaltino jį, ir Dievas leido jį išbandyti. Jobas pamatė savo nuodėmingumą ir atgailavo išbandymuose, kuriuos užtraukė šėtono kaltinimai. Tačiau Jobui atsikračius viso blogio savo prigimtyje ir tapus dvasiniu žmogumi, šėtonas nebegalėjo jo kaltinti. Dievas palaimino Jobą, atsiųsdamas visko dvigubai daugiau, negu jis turėjo prieš išbandymą.

Trečia, dvasiniai žmonės aiškiai girdi Šventosios Dvasios balsą, priima Jos vedimą ir pasiekia sėkmę visose srityse. Dvasinių žmonių širdis persimaino į tiesą, jie gyvena Dievo žodžiu. Jie daro viską, vadovaudamiesi tiesa. Jie gauna ir vykdo aiškius Šventosios Dvasios nurodymus. Jeigu jie prašo, kad kas nors įvyktų, tvirtai tuo tiki, kol gauna atsakymą.

Jei visą laiką būsime tokie klusnūs, Dievas ves mus ir

duos išminties bei supratimo. Jeigu atiduosime viską į Dievo rankas, Jis apsaugos mus net tada, kai apsirikę pasuksime keliu, neatitinkančiu Jo valios; ir jeigu jame bus paspęsti spąstai, Jis apves mus aplik juos arba panaudos viską geram.

Ketvirta, dvasiniai žmonės greitai gauna viską, ko prašo; jie gauna net tai, ko trokšta jų širdis. Jono pirmame laiške 3, 21-22 parašyta: „Mylimieji, jei širdis mūsų nesmerkia, mes pasitikime Dievu ir gauname iš jo, ko prašome, nes laikomės jo įsakymų ir darome, kas jam patinka." Šis palaiminimas lydi juos.

Net neturintieji ypatingų įgūdžių ir pažinimo gauna ne tik gausių dvasinių, bet ir materialinių palaiminimų, kai tampa dvasiniais žmonėmis, nes Dievas juos veda.

Kai mes sėjame ir prašome su tikėjimu, gauname gerą palaiminimo saiką, prikimštą, sukratytą ir su kaupu (Evangelija pagal Luką 6, 38), bet tapę dvasiniais žmonėmis, pjausime 30 kartų, o išsiugdę sveiką dvasią – 60 arba 100 kartų daugiau. Dvasiniai ir sveikos dvasios žmonės gauna viską, ko trokšta širdis.

Sunku net apsakyti palaiminimus, siunčiamus sveikos dvasios žmonėms. Jie džiaugiasi Dievu, o Dievas džiaugiasi jais, kaip parašyta Psalmyne 37, 4: „Džiaukis iš širdies VIEŠPAČIU, ir jis suteiks tau, ko trokšta tavo širdis." Dievas duoda viską, ko jiems reikia: pinigus, garbę, valdžią ir sveikatą.

Tokie žmonės nieko nestokoja asmeniniame gyvenime, ir jiems nereikia nieko prašyti. Todėl jie visada meldžiasi už Dievo karalystę, tiesą ir Dievo nepažįstančias sielas. Jų maldos yra malonus kvapas Dievui, nes jie meldžiasi už žmonių sielas. Todėl Dievas labai džiaugiasi jais.

Kai sveikos dvasios žmonės myli žmonių sielas ir karštai meldžiasi, jie įgauna neregėtos galybės. Apaštalų darbai 1, 8 sako: „Bet kai ant jūsų nužengs Šventoji Dvasia, jūs gausite jos galybės ir tapsite mano liudytojais Jeruzalėje ir visoje Judėjoje bei Samarijoje ir ligi pat žemės pakraščių." Dvasiniai ir sveikos dvasios žmonės be galo myli Dievą ir patinka Jam, todėl gauna visus Biblijoje pažadėtus palaiminimus.

2 skyrius
Dievo pradinis planas

Dievas nenorėjo, kad Adomas gyventų amžinai, nesužinojęs, kas tikrai yra laimė, džiaugsmas, dėkingumas ir meilė. Jis pasodino gero ir pikto pažinimo medį, kad galų gale Adomas patirtų visus kūno reikalus.

Kodėl Dievas nesukūrė žmonių bekūnėmis dvasiomis?

Laisva valia ir įsidėmėjimas

Žmonių sukūrimo tikslas

Dievas nori garbės iš ištikimų vaikų

Žmonijos ugdymas yra procesas, kuris paverčia kūniškus žmones dvasiniais žmonėmis. Jeigu nesuprantame šio fakto ir tik vaikštome į bažnyčią, mūsų lankymasis maldos namuose neturi prasmės. Daug bažnyčią lankančių žmonių nėra atgimę iš Šventosios Dvasios, ir nežino ar yra išgelbėti. Krikščionių gyvenimo tikėjimu tikslas yra ne tik gauti išgelbėjimą, bet ir atgauti Dievo paveikslą, dalintis savo meile su Dievu ir amžinai garbinti jį, būnant ištikimais Jo vaikais.

Koks buvo pradinis Dievo planas Adomo sukūrimui gyva dvasia ir žmonijos ugdymui šioje žemėje? Pradžios knygoje 2, 7-8 parašyta: „Tuomet VIEŠPATS Dievas padarė žmogų iš žemės dulkių ir įkvėpė jam į šnerves gyvybės alsavimą. Taip žmogus tapo gyva būtybe. VIEŠPATS Dievas užveisė sodą Edene, rytuose, ir ten įkurdino žmogų, kurį buvo padaręs."

Dievas sukūrė dangų ir žemę savo žodžiu, bet žmogų – savo rankomis. Visi dangaus pulkai ir angelai buvo sukurti neturinčiomis fizinio kūno dvasiomis. Tačiau žmonės buvo skurti kitokie, nors Dievas ketino galiausiai apgyvendinti juos taip pat danguje. Kodėl Dievas pasirinko tokį sudėtingą procesą ir sukūrė žmogų iš žemės dulkių? Kodėl jis nesukūrė jo bekūne dvasia? Čia slypi ypatingas Dievo planas.

Kodėl Dievas nesukūrė žmonių bekūnėmis dvasiomis?

Jeigu Dievas būtų sukūręs žmones ne iš žemės dulkių, bet bekūnėmis dvasiomis, jie nebūtų galėję patirti nieko kūniško. Būdami dvasiomis, jie būtų buvę paklusnūs Dievo žodžiui ir niekada nevalgę nuo gero ir pikto pažinimo medžio. Dirvožemio savybės keičiasi pagal tai, ką įterpiame į jį. Adomas galėjo sugesti todėl, kad buvo sukurtas iš žemės dulkių, nepaisant to, kad jis gyveno dvasinėje erdvėje. Tačiau tai nereiškia, kad jis iš pat pradžių buvo sugedęs.

Edeno sodas yra dvasinė erdvė, pilna Dievo energijos, todėl šėtonas negalėjo įdiegti jokių kūniškų savybių Adomo širdyje. Tačiau Dievas davė Adomui laisvą valią, ir panorėjęs bei pasiryžęs Adomas galėjo priimti kūniškumą. Nors jis buvo gyva dvasia, kūniškumas galėjo įsiskverbti į jį, jeigu jis priimamas laisva valia. Praėjus ilgam laikui, Adomas atvėrė savo širdį šėtono gundymui ir priėmė kūniškumą.

Tiesą sakant, Dievas davė žmonėms laisvą valią kaip tik tam, kad juos ugdytų. Jeigu Dievas nebūtų davęs Adomui laisvos valios, pastarasis nebūtų priėmęs nieko kūniško, ir žmonija nebūtų ugdoma. Dievo apvaizda numatė žmonijos ugdymą, todėl Adomas nebuvo sukurtas bekūne dvasia.

Laisva valia ir įsidėmėjimas

Pradžios knygoje 2, 17 parašyta: „...bet nuo gero bei pikto pažinimo medžio tau neleista valgyti, nes kai tik nuo jo paragausi, turėsi mirti." Kaip minėjau, Dievas viską numatė, kurdamas Adomą iš žemės dulkių ir duodamas jam laisvą valią, skirtą žmonijos ugdymui. Žmonės gali tapti ištikimais Dievo vaikais tik per žmonių ugdymo procesą.

Viena nuodėmės įsiskverbimo į Adomą priežastis buvo jo laisva valia, bet kita priežastis buvo tai, kad jis neįsidėmėjo Dievo žodžio. Laikytis Dievo žodžio, reiškia įsidėti jį į širdį ir ištikimai vykdyti.

Vieni žmonės nuolat kartoja tą pačią klaidą, kiti nedaro tos pačios klaidos du kartus. Tai priklauso nuo tam tikrų dalykų įsidėmėjimo. Nuodėmė įsiskverbė į Adomą todėl, kad jis nežinojo Dievo žodžio įsidėmėjimo svarbos. Kita vertus, mes galime atgauti dvasinę būseną, įsidėmėdami Dievo žodį ir paklusdami jam. Todėl svarbu įsidėmėti Dievo žodį. Kai žmonės, turintys dėl pirmapradės nuodėmės mirusią dvasią, priima Jėzų Kristų ir gauna Šventąją Dvasią, jų negyva dvasia atgyja. Nuo tos akimirkos, kai jie įsidėmi Dievo žodį ir vadovaujasi juo gyvenime, jie atgimsta dvasia per Šventąją Dvasią ir ima greitai dvasiškai augti. Todėl Dievo žodžio įsidėmėjimas ir vykdymas atlieka labai svarbų vaidmenį dvasios atgaivinime.

Žmonių sukūrimo tikslas

Danguje apstu dvasinių būtybių, pavyzdžiui, angelų, kurie visą laiką klauso Dievo. Išskyrus kelis labai ypatingus atvejus, jie neturi žmogiškumo. Jie neturi laisvos valios, kuria galėtų apsispręsti dalintis savo meile. Todėl Dievas sukūrė pirmąjį žmogų Adomą, būtybę, su kuria gali dalintis savo tikrąja meile.

Įsivaizduokime Dievo džiaugsmą tuo metu, kai Jis kūrė pirmąjį žmogų Adomą. Lipdydamas Adomo lūpas Dievas norėjo, kad jos girtų Dievą; darydamas ausis norėjo, kad Adomas girdėtų Dievo balsą ir paklustų jam; darydamas akis norėjo, kad jis matytų bei jaustų kūrinijos grožį ir garbintų Dievą.

Dievas sukūrė žmones, kad per juos būtų giriamas bei garbinimas ir dalintųsi meile su jais. Jis norėjo vaikų, su kuriais galėtų dalintis visatos ir dangaus karalystės grožiu. Jis norėjo būti su jais amžinai laimingas.

Apreiškimo Jonui knygoje parašyta, kad išganytieji Dievo vaikai amžinai šlovina ir garbina Jį prie Dievo sosto. Kai jie pateks į dangų, ten bus taip gražu ir džiugu, kad jie iš širdies gelmių tik girs ir garbins Dievą už Jo be galo gilią ir slėpiningą apvaizdą.

Žmonės buvo sukurti gyva dvasia, bet su kūnu. Tačiau, jeigu jie vėl tampa dvasiniais žmonėmis, patyrę visokiausių džiaugsmų, pykčio, meilės ir širdgėlos, jie tampa ištikimais Dievo vaikais, mylinčiais, dėkingais ir garbinančiais Dievą iš visos širdies.

Kol Adomas gyveno Edeno sode, jis negalėjo būti ištikimu Dievo vaiku. Dievas mokė jį tik gerumo ir tiesos, todėl Adomas nežinojo, kas yra nuodėmės ir blogis. Jis nė nenutuokė, ką reiškia būti nelaimingam ir patirti skausmą. Edeno sodas yra dvasinė erdvė, kurioje niekas negenda ir nemiršta.

Adomas nežinojo, ką reiškia mirtis. Nors gyveno apsuptas gėrybių gausa, jis negalėjo jausti tikros laimės, džiaugsmo ir dėkingumo. Niekada nepatyręs jokios širdgėlos ir nusiminimo Adomas negalėjo patirti ir tikro džiaugsmo bei laimės. Jis nežinojo, kas yra neapykanta ir tikra meilė. Dievas nenorėjo, kad Adomas gyventų amžinai nepažinęs tikros laimės, džiaugsmo, dėkingumo ir meilės. Todėl Jis pasodino gero ir pikto pažinimo medį Edeno sode, kad galų gale Adomas patirtų kūniškumą.

Kai patyrusieji kūniškumo užvaldytą pasaulį vėl tampa Dievo vaikais, jie puikiai supranta, kokia gera yra dvasia ir kokia brangi yra tiesa. Jie nuoširdžiai dėkoja Dievui už amžinojo gyvenimo dovaną. Kai suprantame Dievo širdį, mums nebekyla klausimas, kodėl Dievas sukūrė gero ir pikto pažinimo medį, užtraukusį kančias žmonijai. Mes dėkojame Dievui ir garbiname Jį už tai, kad Jis atidavė savo vienturtį sūnų Jėzų žmonijos išganymui.

Dievas nori garbės iš ištikimų vaikų

Dievas ugdo žmoniją ne tik tam, kad turėtų ištikimų vaikų, bet ir būtų jų garbinamas. Izaijo knyga 43, 7 sako: „Kiekvieną, kuris vadinamas mano vardu, kiekvieną, kurį savo garbei aš sukūriau, pašaukiau ir parengiau." Taip pat Pirmame laiške korintiečiams 10, 31 parašyta: „Ar valgote, ar geriate, ar šiaip ką darote, visa darykite Dievo garbei."

Dievas yra mylintis ir teisingas. Jis net tik paruošė mums dangų ir amžinąjį gyvenimą, bet ir atidavė savo vienintelį Sūnų mūsų išganymui. Dievas vertas garbės vien dėl šio fakto. Tačiau Dievas norėjo ne tik būti garbinamas. Pagrindinė priežastis, kodėl Dievui reikia šlovės, yra Jo noras grąžinti ją žmonėms, garbinusiesiems Dievą. Evangelija pagal Joną 13, 32 sako: „O jeigu Dievas pašlovintas per jį, tai Dievas pašlovins jį pas save, bematant jį pašlovins."

Kai Dievas gauna šlovę per mus, Jis apsčiai apipila mus palaiminimais šioje žemėje ir suteiks mums amžiną šlovę dangaus karalystėje. Pirmame laiške korintiečiams 15, 41 parašyta: „Vienoks saulės švytėjimas, kitoks mėnulio blizgesys ir dar kitoks žvaigždžių žėrėjimas. Net ir žvaigždė nuo žvaigždės skiriasi spindėjimu."

Čia kalbama apie skirtingas buveines ir šlovę, kiekvieno išganytojo džiaugsmui dangaus karalystėje. Dangaus buveinės ir šlovė priklausys nuo to, kiek nuodėmių atmetėme, kad turėtume tyrą ir šventą širdį, ir kaip ištikimai tarnavome Dievo karalystei. Kai gausime savo buveines, jos nebebus pakeistos.

Dievas sukūrė žmones, kad įsigytų ištikimų dvasinių vaikų. Dievas nuo pat pradžios suplanavo, kad žmonės laisva valia pasirinktų atmesti kūniškumą bei sielą valdančią netiesą ir taptų dvasiniais ir sveikos dvasios žmonėmis. Dievo sumanytas žmonių sukūrimas ir ugdymas bus baigtas per dvasinius ir sveikos dvasios žmones.

Kiek žmonių šiandien gyvena taip, kad pasiektų Dievo numatytą gyvenimo tikslą? Jeigu tikrai suprastume Dievo numatytą žmonių sukūrimo tikslą, mes tikrai atgautume Dievo paveikslą, kuris buvo prarastas dėl Adomo nuodėmės. Mes matytumėte, girdėtume ir kalbėtume tik tiesą, visos mūsų mintys ir darbai būtų šventi ir tobuli. Tai kelias į tapimą ištikimais Dievo vaikais, teikiančiais Jam didesnį džiaugsmą negu pirmasis žmogus Adomas po jo sukūrimo. Ištikimieji Dievo vaikai džiaugsis šlove danguje, nepalyginamai pranokstančia šlovę, kuria Adomas, gyva dvasia, džiaugėsi Edeno sode!

3 skyrius
Tikras žmogus

Dievas sukūrė žmones pagal savo paveikslą ir karštai trokšta, kad mes atgautume prarastą Dievo paveikslą ir taptume Dievo prigimties dalininkais.

Žmonijos pareiga

Dievas ėjo su Henochu

Dievo bičiulis Abraomas

Mozė mylėjo savo tautą labiau už gyvybę

Apaštalas Paulius atrodė kaip Dievas

Jis vadina juos dievais

Jeigu vykdome Dievo žodį, atgauname dvasinę širdį, pilną tiesos pažinimo, kokią iki nusidėdamas turėjo Adomas, būdamas gyva dvasia. Žmonijos pareiga yra atgauti Dievo paveikslą, prarastą dėl Adomo nuodėmės, ir tapti dieviškosios prigimties dalininkais. Biblijoje parašyta, kad gavusieji ir perdavusieji Dievo žodį, atskleidusieji Dievo paslaptis ir darantieji galingus gyvojo Dievo darbus, buvo laikomi tokie kilnūs, kad net karaliai lenkdavosi jiems, nes jie buvo ištikimi Dievo, Aukščiausiojo vaikai (Psalmynas 82, 6).

Babilono karalius Nebukadnecaras vieną dieną susapnavo sapną ir susirūpino. Jis pasišaukė magus ir chaldėjus, kad paaiškintų sapną, nesakydamas jiems, ką sapnavo. Tai buvo neįmanoma jokiam žmogui, tik Dievas, negyvenantis žmogaus kūne, galėjo tai žinoti. Danielius, būdamas Dievo žmogumi, paprašė karaliaus duoti laiko jo sapno paaiškinimui. Dievas parodė Danieliui paslėptus dalykus nakties regėjime. Danielius atėjo pas karalių, papasakojo jo sapną ir paaiškino. Tuomet karalius Nebukadnecaras puolė kniūbsčias ant žemės, išreiškė

Danieliui pagarbą, įsakė aukoti jam smilkalų auką ir pagarbino Dievą.

Žmonijos pareiga

Karalius Saliamonas džiaugėsi didesniais turtais ir prabanga negu bet kas kitas. Jo tėvo Dovydo įkurtos suvienytos karalystės galia išaugo, ir daug kaimyninių šalių mokėjo Saliamonui duoklę. Izraelio karalystė buvo didybės viršūnėje jo valdymo metu (Karalių pirma knyga 10).

Tačiau laikui bėgant, jis pamiršo Dievo malonę ir ėmė galvoti, kad viską pasiekė tik savo galia. Jis nepaisė Dievo žodžio ir sulaužė Jo įsakymą, draudžiantį imti į žmonas pagones. Gyvenimo pabaigoje jis įsigijo daug sugulovių pagonių. Jis įrengė aukštumų alkus, paklusdamas savo sugulovių pagonių norams, ir pats garbino jų stabus.

Dievas du kartus jį įspėjo nesekti kitų dievų, bet Saliamonas neklausė. Galų gale Dievo rūstybė ištiko kitą Izraelio kartą, ir jis buvo padalintas į dvi karalystes. Saliamonas turėjo viską, ko norėjo, bet gyvenimo pabaigoje pasakė: „Miglų migla! sako Mokytojas. Miglų migla! Viskas migla!" (Mokytojo knyga 1, 2).

Jis suprato, kad visi daiktai šiame pasaulyje yra beprasmiai ir priėjo išvados: „Visa tai išklausius, paskutinis žodis būtų toks: bijok Dievo ir laikykis jo įsakymų, nes tai saisto visą žmoniją"

(Mokytojo knyga 12, 13). Jis pasakė, kad žmonijos pareiga yra bijoti Dievo ir laikytis Jo įsakymų.

Ką tai reiškia? Bijoti Dievo reiškia nekęsti to, kas pikta (Patarlių knyga 8, 13). Mylintieji Dievą turi atmesti pikta, laikytis Jo įsakymų ir taip įvykdyti žmonijos pareigą. Mes tampame tobulais žmonėmis, kai galutinai išsiugdome panašią į Viešpaties širdį ir atgauname Dievo paveikslą. Pažvelkime į kelis patriarchų ir tikėjimo žmonių, patikusių Dievui, pavyzdžius.

Dievas ėjo su Henochu

Dievas ėjo su Henochu tris šimtus metų ir pasiėmė jį gyvą. Nuodėmės atpildas yra mirtis, ir Henocho paėmimo į dangų, nesulaukus mirties, faktas yra įrodymas, kad Dievas pripažino jį esantį be nuodėmių. Jis išsiugdė tyrą ir nepeiktiną širdį, panašią į Dievo. Todėl šėtonas neturėjo kuo jį apkaltinti, kai jis buvo gyvas paimtas.

Pradžios knygoje 5, 21-24 parašyta: „Henochas buvo šešiasdešimt penkerių metų, kai jam gimė Metušelachas. Metušelachui gimus, Henochas ėjo su Dievu tris šimtus metų, ir jam gimė sūnų bei dukterų. Taigi iš viso Henochas gyveno tris šimtus šešiasdešimt penkerius metus. Henochas ėjo su Dievu. Paskui jo nebebuvo, nes Dievas jį pasiėmė."

„Eiti su Dievu" reiškia, kad Dievas yra su žmogumi visą laiką. Henochas gyveno pagal Dievo valią tris šimtus metų. Dievas buvo su juo, kur tik jis ėjo.

Dievas yra šviesa, gerumas ir meilė. Norėdami eiti su Dievu turime neturėti jokios tamsos savo širdyje ir būti kupini gerumo bei meilės. Henochas gyveno nuodėmingame pasaulyje, bet išsilaikė tyras. Taip pat jis skelbė Dievo žinią pasauliui. Judo laiške 1, 14 parašyta: „Apie juos pranašavo septintasis nuo Adomo [žmogus] Henochas: ;Štai atėjo Viešpats su miriadais savo šventųjų." Kaip parašyta, jis pranešė žmonėms apie Antrąjį Viešpaties atėjimą ir Paskutinįjį teismą.

Biblija nemini jokių didžių Henocho pasiekimų ar atliktų ypatingų darbų Dievui. Dievas labai mylėjo jį, todėl, kad jis garbino Dievą, gyveno šventą gyvenimą ir vengė visko, kas pikta. Todėl Dievas pasiėmė jį „jauno amžiaus". Tais laikas žmonės gyvendavo virš 900 metų, o jam buvo 365, kai jis buvo paimtas. Jis buvo jaunas, energingas vyras.

Laiškas hebrajams 11, 5 sako: „Tikėdamas Henochas buvo perkeltas, kad neregėtų mirties, ir žmonės jo neberado, nes Dievas jį perkėlė. Mat prieš perkeliamas gavo liudijimą, jog patikęs Dievui."

Ir šiandien Dievas nori, kad mes gyventume šventą ir dievotą gyvenimą, turėdami tyrą ir gražią širdį, nesuteptą šio pasaulio, kad Jis galėtų visą laiką eiti su mumis.

Dievo bičiulis Abraomas

Dievas norėjo, kad žmonija sužinotų, koks turi būti ištikimas Dievo vaikas, per Abraomą „tikėjimo tėvą". Abraomas buvo vadinamas „palaiminimų šaltiniu" ir „Dievo bičiuliu". Bičiulis yra žmogus, kuriuo gali pasitikėti ir pasidalinti savo paslaptimis. Žinoma, tik po apvalymo laikotarpio Abraomas išmoko visiškai pasitikėti Dievu. Kaip Abraomas tapo Dievo bičiuliu?

Abraomas pakluso, sakydamas tik „taip" ir „amen". Kai Dievas pašaukė jį palikti gimtąjį miestą, jis paklusniai išėjo, nežinodamas, kur eina. Taip pat Abraomas ieškojo kitų naudos ir siekė taikos. Jis gyveno su savo sūnėnu Lotu, ir kai jie turėjo išvykti, atidavė sūnėnui teisę pirmam pasirinkti žemę. Jis turėjo teisę rinktis pirmas, būdamas dėdė, bet užleido ją sūnėnui.

Abraomo žodžiai užrašyti Pradžios knygoje 13, 9: „Argi ne visas kraštas prieš tave? Prašyčiau atsiskirti nuo manęs. Jei tu eisi į kairę, aš eisiu į dešinę, jei tu eisi į dešinę, aš eisiu į kairę."

Abraomas buvo labai geros širdies, ir Dievas vėl pažadėjo jam palaiminimą. Pradžios knygoje 13, 15-16 Dievas sako: „... nes visą kraštą, kurį matai, amžinai atiduosiu tau ir tavo palikuonims. Padarysiu tavo palikuonis gausius tarsi žemės dulkės. Jei kas galėtų suskaityti žemės dulkes, tai ir tavo palikuonys galėtų būti suskaityti."

Vieną dieną jungtinė kelių karalių kariuomenė užpuolė Sodomą ir Gomorą, kur gyveno Abraomo sūnėnas Lotas, paėmė žmones į nelaisvę ir apiplėšė miestą. Abraomas atsivedė savo parengtus vyrus, gimusius jo namuose, tris šimtus aštuoniolika karių, ir vijosi grobikus iki Dano. Jis grąžino visus turtus, savo brolio sūnų Lotą ir jo turtus, moteris bei kitus žmones.

Sodomos karalius norėjo atsidėkoti jam turtais, bet Abraomas tarė: „Neimsiu nei siūlo galo, nei apavo dirželio, nei ko nors, kas tau priklauso, idant nesakytumei: 'Aš padariau Abromą turtingą.'" (Pradžios knyga 14, 23). Paimti dovanas iš karaliau nebuvo neteisinga, bet jis atsisakė karaliaus pasiūlymo, kad įrodytų, jog visi jo materialiniai palaiminimai ateina tik iš Dievo. Jis ieškojo tik Dievo garbės tyra širdimi, laisva nuo savanaudiškų troškimų, ir Dievas gausiai jį laimino.

Kai Dievas liepė jam paaukoti savo sūnų Izaoką deginamąja auka, Abraomas iš karto pakluso, nes tikėjo, kad Dievas gali prikelti mirusius. Galiausiai Dievas padarė jį tikėjimo tėvu, sakydamas: „aš tikrai laiminsiu tave ir padarysiu tavo palikuonis tokius gausingus kaip dangaus žvaigždės ir pajūrio smiltys. Tavo palikuonys užims savo priešų vartus, ir visos tautos žemėje gaus palaiminimą per tavo palikuonis, nes tu buvai klusnus mano balsui" (Pradžios knyga 22, 17-18). Dar daugiau, Dievas pažadėjo jam, kad Dievo Sūnus Jėzus, kuris išgelbės žmoniją, gims iš jo palikuonių.

Evangelijoje pagal Joną 15, 13 parašyta: „Nėra didesnės meilės, kaip gyvybę už draugus atiduoti." Abraomas norėjo paaukoti savo vienintelį sūnų Izaoką, kuris jam buvo brangesnis už gyvybę, taip parodydamas savo meilę Dievui. Dievas padarė Abraomą idealiu žmonijos ugdymo pavyzdžiu ir pavadino Dievo bičiuliu už jo didį tikėjimą ir meilę Dievui.

Dievas yra visagalis, Jis gali padaryti bet ką ir duoti mums viską. Tačiau Jis laimina savo vaikus ir atsako į jų maldas tokiu mastu, kokiu juos pakeičia tiesa žmonijos ugdymo metu, kad jie jaustų Dievo meilę su dėkingumu už palaiminimus.

Mozė mylėjo savo tautą labiau už gyvybę

Būdamas Egipto princu Mozė nužudė egiptietį, gindamas savo tautietį, ir turėjo bėgti iš faraono rūmų. Paskui jis keturiasdešimt metų gyveno dykumoje ir ganė avių bandą.

Mozė užėmė žemą padėtį ir ganė avis Midjano dykumoje, jis turėjo atsisakyti puikybės ir įsitikinimo savo teisumu, kuriuos turėjo, būdamas Egipto princu. Dievas apsireiškė nuolankumą išsiugdžiusiam Mozei ir davė užduotį išvesti Izraelio sūnus iš Egipto. Mozė turėjo rizikuoti gyvybe, kad tai padarytų, bet pakluso ir nuėjo pas faraoną.

Žinodami Izraelio sūnų elgesį matome, kokią plačią širdį turėjo Mozė, priimdamas visus šiuos žmones. Susidūrę su sunkumais, jie murmėjo prieš Mozę ir net bandė užmušti akmenimis.

Kai neturėjo vandens, jie skundėsi troškuliu. Kai turėjo vandens, skundėsi, kad neturi maisto. Kai Dievas jiems davė manos iš dangaus, skundėsi, kad neturi mėsos. Jie sakė, kad geriau maitinosi Egipte, ir nevertino manos, laikydami ją prastu maistu. Kai Dievas galiausiai nusigręžė nuo jų, ugningi žalčiai atšliaužė ir gėlė juos. Tačiau jie vis tiek galėjo išsigelbėti, nes Dievas išklausė Mozės karštą maldą. Žmonės ilgą laiką matė, kad Dievas buvo su Moze, bet pasidarė ir garbino aukso veršį, kai Mozės nebuvo šalia. Jie leidosi suviliojami pagonių moterų ir svetimavo, tai buvo ir dvasinis svetimavimas. Mozė su ašaromis meldė Dievą už savo tautą. Jis pasiūlė savo gyvybę už atleidimą jiems, nors jie neprisiminė gautos malonės. Išėjimo knygoje 32, 31-32 parašyta:

Taigi Mozė sugrįžo pas VIEŠPATĮ ir tarė: „Deja! Ši tauta nusidėjo sunkia nuodėme. Pasidarė sau dievą iš aukso! O dabar, jei tu tik atleistum jų nuodėmę... Bet jei ne, ištrink mane iš knygos, kurią parašei!"

Ištrinti jo vardą iš knygos reiškė, kad jis nebus išganytas ir kentės amžinoje pragaro ugnyje – tai amžinoji mirtis. Mozė puikiai žinojo šį faktą, bet buvo pasiryžęs net tokiai aukai, kad tik tautai būtų atleista.

Kaip manote, ką Dievas jautė, matydamas tokį Mozės pasiaukojimą? Mozė giliai suprato Dievo širdį, kuri nekenčia nuodėmių, bet trokšta išgelbėti nusidėjėlius, o Dievas juo džiaugėsi ir labai jį mylėjo. Dievas išklausė šią Mozės meilės maldą, ir Izraelio sūnūs išvengė sunaikinimo.

Įsivaizduokite, kad vienoje pusėje guli deimantas, be trūkumų ir maždaug kumščio dydžio. Kitoje pusėje – tūkstančiai panašaus dydžio paprastų akmenų. Kurioje pusėje brangesnis turtas? Nesvarbu, kiek akmenų būtų, niekas nekeistų deimanto į juos. Taip pat ir Mozė, vienas asmuo, pasiekęs žmogaus ugdymo tikslą, buvo brangesnis už milijonus, kurie to nepadarė (Išėjimo knyga 32, 10).

Skaičių knygoje 12, 3 parašyta: „O Mozė buvo labai kuklus žmogus, kuklesnis už bet ką kitą visoje žemėje," o Skaičių knygoje 12, 7 Dievas sako: „Bet ne toks yra mano tarnas Mozė: jam patikėti visi mano namai."

Daug Biblijos vietų kalba apie tai, kaip Dievas mylėjo Mozę. Išėjimo knygoje 33, 11 parašyta: „VIEŠPATS kalbėdavosi su Moze veidas į veidą, kaip žmogus kalbasi su savo bičiuliu." Taip pat Išėjimo knygoje, 33-ame skyriuje parašyta, kad Mozė paprašė Dievo pasirodyti, ir Dievas išpildė jo prašymą.

Apaštalas Paulius atrodė kaip Dievas

Apaštalas Paulius dirbo Viešpačiui visą savo gyvenimą, tačiau visada sielvartavo dėl savo praeities už tai, kad persekiojo Viešpatį, todėl su dėkingumu ir noriai priėmė visus sunkius išbandymus, sakydamas: „Juk aš esu mažiausias iš apaštalų, nevertas vadintis apaštalu, nes esu persekiojęs Dievo Bažnyčią" (Pirmas laiškas korintiečiams 15, 9).

Jis buvo įkalintas, daugybę kartų sumuštas, jam daug kartų grėsė mirtis. Penkis kartus jis gavo po trisdešimt devynis kirčius nuo žydų. Tris kartus buvo sumuštas lazdomis, vieną kartą akmenimis, tris kartus patyrė laivo sudužimą, visą dieną ir naktį plūduriavo atviroje jūroje. Jis dažnai būdavo kelionėse, upių pavojuose, pavojuose nuo plėšikų, pavojuose nuo savo tautiečių, pavojuose nuo pagonių, miesto pavojuose, dykumos pavojuose, jūros pavojuose, pavojuose nuo netikrų brolių; jam teko daug triūsti ir vargti, dažnai budėti naktimis, badauti ir trokšti, dažnai pasninkauti, dažnai kęsti šaltį ir nuogumą.

Jo kentėjimai buvo tokie dideli, kad Pirmame laiške korintiečiams 4, 9 jis parašė: „Man atrodo, kad Dievas mums, apaštalams, paskyrė paskučiausią vietą, tarsi pasmerktiesiems myriop. Mes pasidarėme reginys pasauliui, angelams ir žmonėms."

Kodėl Dievas leido apaštalui Pauliui, tokiam ištikimam, patirti baisus persekiojimus ir sunkumus? Jis norėjo, kad Paulius taptų nuostabios, tyros kaip krištolas širdies žmogumi. Paulius turėjo pasikliauti tik Dievu grėsmingose aplinkybės, kai galėjo bet kurią akimirką būti suimtas arba nužudytas. Jis rado paguodą ir džiaugsmą Dieve. Jis visiškai atsižadėjo savęs ir išsiugdė Viešpaties širdį.

Žemiau cituojami Pauliaus žodžiai labai jaudina ir rodo, koks nuostabus žmogus jis tapo per išbandymus. Jis nenorėjo išvengti jokių sunkumų, net jeigu jie buvo žmogui nepakeliami. Jis kalba apie savo meilę bažnyčiai ir jos nariams Antrame laiške korintiečiams 11, 28: „Be kita ko, kasdien vargstu, rūpindamasis visomis Bažnyčiomis."

Laiške romiečiams 9, 3 jis kalba apie žmones, norėjusius jį nužudyti: „Man mieliau būtų pačiam būti prakeiktam ir atskirtam nuo Kristaus vietoj savo brolių, tautiečių pagal kūną." Broliais ir tautiečiais jis vadina žydus ir fariziejus, nuožmiai persekiojusius Paulių.

Apaštalų darbuose 23, 12-13 parašyta: „Rytojaus dieną susirinko būrys žydų ir prisiekė nei valgyti, nei gerti, kol nenužudys Pauliaus. Tokį suokalbį padarė daugiau negu keturiasdešimt žmonių."

Paulius niekada asmeniškai jų neįžeidė, niekada nemelavo ir nepadarė jiems jokios žalos. Jie susibūrė ir prisiekė jį nužudyti tik todėl, kad jis skelbė evangeliją ir rodė Dievo galią.

Nepaisant to, jis meldėsi, kad tie žmonės būtų išgelbėti, sutikdamas dėl jų prarasti savo išganymą. Didžios Dievo galios veikimo jame priežastis yra Pauliau išsiugdytas begalinis gerumas ir noras paaukoti gyvybę už tuos, kurie stengėsi jam pakenkti. Dievas leido daryti jam antgamtinius darbus, piktosios dvasios ir ligos pasitraukdavo nuo ligonių, atnešus Pauliaus liestas skepetėles ir prijuostes.

Jis vadina juos dievais

Evangelijoje pagal Joną 10, 35 parašyta: „Taigi [Įstatymas] vadina dievais tuos, kuriems skirtas Dievo žodis, ir Raštas negali būti panaikintas. Kai priimame ir vykdome Dievo žodį, tampame tiesos žmonėmis, dvasiniais žmonėmis. Kad taptume panašūs į Dievą, kuris yra dvasia, turime tapti dvasiniais ir paskui sveikos dvasios žmonėmis. Tai mes tampame panašūs į Dievą.

Išėjimo knygoje 7, 1 parašyta: „VIEŠPATS atsakė Mozei: ‚Žiūrėk, padariau tave tarsi Dievu faraonui, o tavo brolis Aaronas bus tavo pranašas.'" Taip pat Išėjimo knyga 4, 16 sako: „Iš tikrųjų jis žmonėms kalbės už tave: jis bus tau kaip lūpos, o tu jam būsi kaip Dievas." Kaip parašyta, Dievas suteikė Mozei tokią didžią galią, kad jis atrodė žmonėms kaip Dievas.

Apaštalų darbų 14-ame skyriuje apaštalas Paulius liepė Jėzaus Kristaus vardu atsistoti ir vaikščioti žmogui, kuris niekada nebuvo vaikščiojęs. Kai jis atsistojo ir šokinėjo, žmonės apstulbo:

„Minia, pamačiusi, ką Paulius padarė, pradėjo garsiai likaoniškai šaukti: ,Dievai, pasivertę žmonėmis, nužengė pas mus!'" (Apaštalų darbai 14, 11). Einantysis su Dievu gali atrodyti kaip Dievas, nes jis yra dvasinis žmogus, nors ir turi fizinį kūną.

Todėl Petro antrame laiške 1, 4 parašyta: „Drauge jis mums padovanojo ir brangius bei didžius pažadus, kad per juos taptumėte dieviškosios prigimties dalininkais, pabėgę nuo sugedimo, kurį skleidžia pasaulyje geiduliai."

Žinokime, jog Dievas karštai trokšta, kad žmonės taptų dieviškosios prigimties dalininkais, todėl turime atmesti kūno sugedimą, kuriuo džiaugiasi tik tamsos jėgos, gimti dvasia per Šventąją Dvasią ir įgyti dieviškąją prigimtį.

Kai pasiekiame sveikos dvasios lygį, mūsų dvasia būna visiškai atgijusi. Turėti visiškai atgijusią dvasią reiškia atgauti Dievo paveikslą, prarastą dėl Adomo nuodėmės, rodantį, kad esame Dievo prigimties dalininkai.

Kai pasiekiame šį lygį, Dievas suteikia mums savo galią. Dievo galia yra nuostabi dovana suteikiama tiems Dievo vaikams, kurie tapo panašūs į Jį (Psalmynas 62, 11). Įrodymas, kad gavome Dievo galią, yra nepaprasti ženklai ir stebuklai, antgamtiški ir nuostabūs dalykai, kuriuos visus daro Šventoji Dvasia.

Jeigu gauname tokią galią, galime atvesti daugybę sielų į gyvenimo ir išganymo kelią. Petras atliko daug didžių darbų su

Šventosios Dvasios galia.

Tik vieno jo pamokslo metu buvo išgelbėti daugiau negu penki tūkstančiai vyrų. Dievo galia yra įrodymas, kad gyvasis Dievas yra su tuo žmogumi. Tai patikimas būdas pasėti tikėjimą žmonėse.

Žmonės visai netikėtų, jeigu nematytų ženklų ir stebuklų (Evangelija pagal Joną 4, 48). Todėl Dievas parodo savo jėgą per sveikos dvasios žmones, visiškai atgavusius gyvą dvasią, kad žmonės tikėtų į gyvąjį Dievą, Išganytoją Jėzų Kristų, dangaus ir pragaro buvimą ir Biblijos tiesą.

4 skyrius
Dvasinė karalystė

Biblija daug pasakoja apie dvasinę karalystę ir ją patyrusius žmones. Kai baigsis mūsų gyvenimas šioje žemėje, mes pateksime į dvasinę karalystę.

Apaštalas Paulius žinojo dvasinės karalystės paslaptis

Biblijoje aprašyta beribė dvasinė karalystė

Dangus ir pragaras tikrai yra

Pražuvusių sielų pomirtinis gyvenimas

Kaip saulė ir mėnulis skiriasi švytėjimu

Dangus nepalyginamas su Edeno sodu

Naujoji Jeruzalė – geriausia dovana ištikimiems vaikams

Kai žmonės, kurie atgavo prarastą Dievo paveikslą, baigia savo žemiškąjį gyvenimą, grįžta į dvasinę karalystę. Skirtingai nuo mūsų fizinio pasaulio, dvasinė karalystė yra beribė erdvė. Mes negalime išmatuoti jos aukščio, gylio ar pločio.

Ši beribė dvasinė karalystė padalinta į šviesos erdvę, kuri priklauso Dievui, ir tamsos erdvę, skirtą piktosioms dvasioms. Šviesos erdvėje yra Dangaus Karalystė, paruošta Dievo vaikams, išgelbėtiems tikėjimu. Laiške hebrajams 11, 1 parašyta: „Tikėjimas laiduoja mums tai, ko viliamės, įrodo tikrovę, kurios nematome." Kaip parašyta, dvasinė karalystė yra nematomas pasaulis, bet, kaip fiziniame pasaulyje nematomo vėjo jėga įrodo jo buvimą, taip su tikėjimu vildamiesi, ko negalima tikėtis fiziniame pasaulyje, sulaukiame dvasinės karalystės buvimo įrodymų.

Tikėjimas yra koridorius į dvasinę karalystę. Tai mūsų, gyvenančių fiziniame pasaulyje, kelias į susitikimą su Dievu, esančiu dvasinėje karalystėje. Tikėjimu mes bendraujame su Dievu, kuris yra dvasia. Mes girdime ir suprantame Dievo žodį, kai atsiveria mūsų dvasinės akys ir matome dvasinę karalystę, neregimą fizinėms akims.

Mūsų tikėjimui augant, vis labiau viliamės dangaus karalystės ir giliau suprantame Dievo širdį. Kai suprantame ir jaučiame Jo meilę, negalime Jo nemylėti. Dar daugiau, kai įgysime tobulą tikėjimą, dvasinės karalystės reiškiniai, visiškai neįmanomi šiame fiziniame pasaulyje, taps tikrove, nes Dievas bus su mumis.

Apaštalas Paulius žinojo dvasinės karalystės paslaptis

Antrame laiške korintiečiams, 12-ame skyriuje nuo pirmos eilutės apaštalas Paulius pasakoja apie dvasinės karalystės patirtis: „Jei reikia girtis (nors iš to jokios naudos), eisiu prie Viešpaties regėjimų ir apreiškimų." Jis pasakoja apie buvimą rojuje, trečiojoje dangaus karalystėje.

Antrame laiške korintiečiams 12, 6 jis sako: „Jei panorėčiau girtis, nebūčiau neprotingas, nes kalbėčiau tiesą. Bet aš susilaikau, kad kas nors apie mane nepagalvotų daugiau negu tai, ką manyje mato ar iš manęs girdi." Apaštalas Paulius turėjo daug dvasinių patirčių ir gavo daug apreiškimų iš Dievo, bet negalėjo pasakoti visko, ką žino apie dvasinę karalystę.

Evangelijoje pagal Joną 3, 12 Jėzus sako: „Jei netikite, man kalbant apie žemės dalykus, tai kaipgi tikėsite, jei kalbėsiu jums apie dangiškuosius?" Net savo akimis matę daugybę galingų darbų Jėzaus mokiniai nevisiškai tikėjo Jėzumi. Jie įgijo tikrą tikėjimą tik tada, kai tapo Viešpaties prisikėlimo liudininkais. Paskui jie pašventė savo gyvenimą Dievo karalystei ir evangelijos skelbimui. Apaštalas Paulius taip pat daug žinojo apie dvasinę karalystę ir visiškai įvykdė savo gyvenimo pareigą.

Ar mes galime pajusti ir suprasti paslaptingą dvasinę karalystę kaip apaštalas Paulius? Žinoma, taip. Visų pirma turime ilgėtis dvasinės karalystės. Karštas dvasinės karalystės troškimas rodo, kad pripažįstame ir mylime Dievą, kuris yra dvasia.

Biblijoje aprašyta beribė dvasinė karalystė

Biblijoje yra daug dvasinės karalystės ir dvasinių patyrimų aprašymų. Adomas buvo sukurtas gyva būtybe, kuri yra gyva dvasia, jis bendravo su Dievu. Net po jo buvo daug pranašų, kurie bendravo su Dievu ir kartais tiesiogiai girdėjo Dievo balsą (Pradžios knyga 5, 22 ir 9, 9-13; Išėjimo knyga 20, 1-17; Skaičių knyga 12, 8). Kartais angelai pasirodydavo žmonėms, kad perduotų Dievo žinią. Taip pat aprašytos keturios gyvo būtybės (Ezechielio knyga 1, 4-14), kerubai (Samuelio antra knyga 6, 2; Ezechielio knyga 10, 1-6), ugningi žirgai ir ugnies vežimas (Karalių antra knyga 2, 11 ir 6, 17), priklausantys dvasinei karalystei.

Raudonoji jūra buvo perskirta į dvi dalis. Vanduo ištryško iš uolos per Dievo vyrą Mozę. Saulė ir mėnulis sustojo ir stovėjo po Jozuės maldos. Elijas meldėsi Dievui ir iššaukė ugnį iš dangaus. Atlikęs visas pareigas šioje žemėje Elijas buvo viesulu paimtas į dangų. Tai tik keli dvasinės karalystės įsiveržimo į fizinę erdvę pavyzdžiai.

Be to, Karalių antroje knygoje, 6-ame skyriuje, kai Aramo kariuomenė atžygiavo suimti Eliziejaus, jo tarno Gehazio dvasinės akys atsivėrė, ir jis išvydo raitelių ir ugninių vežimų pulkus, supančius ir saugančius Eliziejų. Danielius buvo įmestas į liūtų urvą po jo bendradarbių ministrų sąmokslo, bet jam nieko neatsitiko, nes Dievas atsiuntė savo angelą, kuri užčiaupė liūtams nasrus. Trys Danieliaus draugai nepakluso karaliaus įsakymui, saugodami ištikimybę savo tikėjimui, ir buvo įmesti į degančią krosnį, įkaitintą septynis kartus karčiau negu paprastai, bet jiems nė plaukas nenusvilo.

Dievo Sūnus Jėzus atėjo į šią žemę žmogaus kūne, bet darė beribės dvasinės karalystės darbus, nesaistomas fizinės erdvės ribų. Jis prikėlė mirusiuosius, gydė įvairias ligas ir ėjo vandeniu. Dar daugiau, po prisikėlimo Jis pasirodė dviem savo mokiniams, einantiems į Emausą (Evangelija pagal Luką 24, 13-16), perėjo sienas ir pasirodė namo viduje savo mokiniams, kurie, bijodami žydų, buvo užsirakinę (Evangelija pagal Joną 20, 19).

Iš tiesų tai teleportacija, fizinės erdvės ribų peržengimas. Tai liudija, kad dvasinė karalystė peržengia laiko ir erdvės ribas. Dvasinė erdvė kitokia negu fizinė, kurią matome akimis. Jėzus per dvasinę erdvę galėjo atsidurti norimoje vietoje norimu laiku.

Dievo vaikai yra dangaus piliečiai ir turi trokšti dvasinių dalykų. Dievas leidžia šį troškimą turintiems žmonėms patirti dvasinę karalystę ir Jeremijo knygoje 29, 13 sako: „Kai manęs ieškosite, rasite mane. Taip, jeigu visa širdimi manęs ieškosite."

Mes galime pasiekti į dvasinę būseną, ir Dievas gali atverti mūsų dvasines akis, kai atmetame savo teisumą, savo supratimus ir egoistišką mąstyseną, turėdami dvasinių dalykų troškimą.

Apaštalas Jonas buvo vienas iš dvylikos Jėzaus mokinių (Apreiškimas Jonui 1, 1 ir 9). 95 metais po Kr. Romos imperatorius Domicianas suėmė Joną ir įmetė į verdančio aliejaus katilą, bet jis nemirė ir buvo ištremtas į Patmos salą Egėjo jūroje. Ten jis parašė Apreiškimo knygą.

Jonas turėjo turėti tinkamas būdo savybes, kad galėtų priimti gilius apreiškimus. Jis turėjo būti šventas, be jokio pikto viduje, panašios į Viešpaties širdies. Jam buvo atskleistos gilios paslaptys ir apreikštas dangus Šventosios Dvasios įkvėpimu per karštas maldas iš tyros ir šventos širdies.

Dangus ir pragaras tikrai yra

Dvasinėje karalystėje yra dangus ir pragaras. Netrukus po Manmin bažnyčios atidarymo, maldos metu Dievas parodė man dangų ir pragarą. Grožis ir džiaugsmas danguje yra neapsakomi jokiais žodžiais.

Naujojo Testamento laikais priėmusieji Jėzų Kristų savo asmeniniu Gelbėtoju gauna nuodėmių atleidimą ir išgelbėjimą. Žemiškajam gyvenimui pasibaigus, jie visų pirma patenka į Viršutinį kapą. Ten jie praleidžia tris dienas, prisitaikydami prie dvasinės karalystės, paskui keliauja į laukimo vietą rojuje, dangaus karalystėje. Tikėjimo tėvas Abraomas buvo Viršutinio kapo viršininkas iki Viešpaties įžengimo į dangų, todėl Biblijoje pasakyta, kad vargšas Lozorius buvo „Abraomo prieglobstyje".

Jėzus paskelbė evangeliją sieloms, esančioms Viršutiniame kape, iškvėpęs paskutinį atodūsį ant kryžiaus (Petro pirmas laiškas 3, 19). Paskelbęs evangeliją Viršutiniame kape, Jis prisikėlė ir visas sielas iš ten nusivedė į rojų. Nuo to laiko išgelbėtojų sielos po mirties keliauja į dangaus laukiamąjį rojaus pakraštyje. Po Paskutiniojo teismo prie didelio balto sosto jos eis į savo dangaus buveines, gautas pagal turimo tikėjimo mastą ir gyvens ten amžinai.

Paskutinysis teismas prie didelio balto sosto įvyks, žmonijos ugdymui pasibaigus, Dievas įvertins visus kiekvieno žmogaus, gimusio nuo sukūrimo, darbus, gerus ir blogus. Jis vadinamas Paskutiniuoju prie didelio balto sosto, kuriame sėdės Dievas (Apreiškimas Jonui 20, 11).

Šis didysis teismas vyks po antrojo Viešpatie atėjimo ore į žemę, Tūkstantmetei karalystei pasibaigus. Išganytoms sieloms tai bus apdovanojimų įteikimas, bet pražuvusiųjų laukia baudžiamasis teismo procesas.

Pražuvusių sielų pomirtinis gyvenimas

Nepriėmusieji Viešpaties ir tie, kurie sakė, kad yra tikintys, bet nebuvo išgelbėti, po mirties bus paimti dviejų pragaro pasiuntinių. Jie praleis tris dienas į gilią duobę panašioje vietoje, ruošdamiesi gyventi Apatiniame kape. Baisus skausmas laukia jų. Po trijų dienų jie bus perkelti į Apatinį kapą, kur bus baudžiami už savo nuodėmes. Apatinis kapas priklauso pragarui ir yra talpus kaip dangus su daugybe skirtingų vietų pražuvusioms sieloms.

Iki Paskutiniojo teismo prie didelio balto sosto pražuvę sielos gyvens Apatiniame kape ir bus įvairiai baudžiamos – vabzdžiai ir žvėrys plėšys jas į gabalus arba kankins pragaro pasiuntiniai. Paskutiniajam teismui prie didelio balto sosto pasibaigus, pražuvusieji bus įmesti į ugnies arba ugninės sieros ežerą ir kentės amžinai (Apreiškimas Jonui 21, 8).

Bausmė ugnies arba ugninės sieros ežere yra nepalyginamai skausmingesnė už bausme Apatiniame kape. Pragaro ugnis yra neįsivaizduojamai karšta. Ugninės sieros ežeras yra septynis kartus karštesnis už ugnies ežerą. Jis skirtas žmonėms, kurie padarė neatleistinų nuodėmių, pavyzdžiui, piktžodžiavo prieš Šventąją Dvasią ir kovojo su Ja.

Vieną kartą Dievas parodė man ugnies ir ugninės sieros ežerus. Tie ežerai buvo bekraščiai su panašiais į geizerių garų fontanais, ir žmonės matėsi neaiškiai. Vieni buvo panirę iki krūtinės, kiti iki kaklo. Ugnies ežere jie raitėsi ir klykė, bet ugninės sieros ežere skausmas toks didžiulis, kad jie negalėjo nė pajudėti. Tikėkime šio nematomo pasaulio buvimu ir gyvenkime pagal Dievo žodį, kad būtume išganyti.

Kaip saulė ir mėnulis skiriasi švytėjimu

Aiškindama apie mūsų kūną po prisikėlimo apaštalas Paulius sako: „Vienoks saulės švytėjimas, kitoks mėnulio blizgesys ir dar kitoks žvaigždžių žėrėjimas. Net ir žvaigždė nuo žvaigždės skiriasi spindėjimu: (Pirmas laiškas korintiečiams 15, 41).

Saulės švytėjimo šlovė bus duota tiems, kas visiškai atmetė savo nuodėmes, buvo pašventinti ir ištikimi visuose Dievo darbuose šioje žemėje. Mėnulio blizgesio šlovę gaus tie, kas nepasiekė saulės šlovės lygio. Žvaigždžių šlovė bus duota tiems, kas nepasiekė mėnulio šlovės. Taip pat ir žvaigždė nuo žvaigždės skiriasi spindėjimu, kiekvienas gaus skirtingą šlovę ir atlyginimą, net gavusieji to paties lygio buveines danguje.

Biblija sako, kad gausime skirtingą šlovę danguje. Dangaus buveinės ir apdovanojimai nuo to, kokiu mastu atmetėme nuodėmes, įgijome dvasinį tikėjimą ir buvome ištikimi Dievo karalystei.

Dangaus karalystėje yra daug buveinių, duodamų kiekvienam pagal tikėjimo mastą. Rojus skirtas turintiesiems mažiausio masto tikėjimą. Pirmoji dangaus karalystė yra aukštesnio lygio už Rojų, Antroji dangaus karalystė geresnė už Pirmąją, o Trečioji geresnė už Antrąją. Trečiojoje dangaus karalystėje yra Naujosios Jeruzalės miestas, kuriame stovi Dievo sostas.

Dangus nepalyginamas su Edeno sodu

Edeno sodas yra tokia graži ir rami vieta, kad pati gražiausia vieta pasaulyje negali lygintis su juo, bet Edeno sodas negali nė iš tolo lygintis su dangaus karalyste. Laimė, jaučiama Edeno sode, visiškai kitokia negu laimė dangaus karalystėje, nes Edeno sodas yra antrajame danguje, o dangaus karalystė trečiajame danguje. Be to, Edeno sodo gyventojai nėra ištikimi vaikai perėję žmonijos ugdymo procesą.

Tarkime, kad žemiškas gyvenimas skendi tamsoje, tada gyvenimas Edeno sode bus prie žibinto, o gyvenimas danguje – su ryškia elektros šviesa. Kol nebuvo elektros lempučių, žmonės naudojo žibintus, jų šviesa buvo gana blausi, bet jie vis tiek buvo naudingi. Pirmą kartą pamatę elektros šviesą žmonės apstulbo.

Jau minėjau, kad skirtingos dangaus buveinės bus duodamos

žmonėms pagal jų tikėjimo mastą ir dvasinę širdį, išsiugdytą žemiškajame gyvenime. Kiekviena dangaus buveinė skiriasi nuo kitų šlove ir joje juntama laimė. Jei pakilsime virš pašventinimo ir ištikimybės visuose Dievo darbuose iki sveikos dvasios žmonių lygio, įžengsime į Naująją Jeruzalę, kur stovi Dievo sostas.

Naujoji Jeruzalė – geriausia dovana ištikimiems vaikams

Evangelijoje pagal Joną 14, 2 Jėzus pasakė: „Mano Tėvo namuose daug buveinių," todėl danguje tikrai yra daug buveinių. Dievo sostas stovi Naujosios Jeruzalės mieste, tuo tarpu Rojus skirtas vos ne vos išgelbėtiems.

Naujoji Jeruzalė dar vadinama Šlovės miestu, yra nuostabiausia iš visų dangaus buveinių. Dievas trokšta, kad visi žmonės būtų išganyti ir įeitų į Naująją Jeruzalę (Pirmas laiškas Timotiejui 2, 4).

Ūkininkas negali užauginti tik geriausios kokybės kviečių. Panašiai ne visi, perėję ugdymo procesą, tampa ištikimais Dievui sveikos dvasios vaikais. Todėl nepasiruošusiems įžengti į naujosios Jeruzalės miestą Dievas paruošė daug buveinių: Rojų, Pirmąją, Antrąją ir Trečiąją dangaus karalystes.

Rojus skiriasi nuo Naujosios Jeruzalės kaip lūšna nuo karaliaus rūmų. Kaip tėvai nori duoti savo vaikams viską, kas geriausia, taip Dievas trokšta, kad taptume ištikimais Jo vaikais ir dalintumėmės su Juo viskuo Naujojoje Jeruzalėje.

Dievo meilė neapsiriboja tam tikra žmonių grupe. Ji duodama visiems priėmusiems Jėzų Kristų, bet dangiškos buveinės, apdovanojimai ir Dievo meilės mastas bus duodami pagal kiekvieno pašventinimo ir ištikimybės mastą.

Gyvensiantieji Rojuje, Pirmojoje ir Antrojoje dangaus karalystėse, nevisiškai atmetė savo kūniškumą ir nėra tikrai ištikimi Dievo vaikai. Kaip maži vaikai negali visiškai suprasti savo tėvų, taip jiems sunku suprasti Dievo širdį. Todėl mylintis ir teisingas Dievas paruošė skirtingų buveinių pagal kiekvieno tikėjimo mastą. Kaip žmonėms maloniausia bendrauti su panašaus amžiaus draugais, taip dangaus piliečiams bus maloniausia gyventi su panašaus tikėjimo lygio bičiuliais.

Naujosios Jeruzalės miestas yra įrodymas, kad Dievas užsiaugino tobulų vaisių, ugdydamas žmoniją. Dvylika miesto mūro brangakmenių pamatų byloja, kad į miestą įžengusių Dievo vaikų širdys yra nuostabios kaip šie brangakmeniai. Perlų vartai liudija, kad pro juos įžengiantys vaikai išsiugdė ištvermę, kaip perlų kriauklės ištverme užaugina perlus.

Eidami pro perlų vartus jie prisimins kantrybę ir ištvermę, atvedusias į dangų. Vaikščiodami aukso gatvėmis jie prisimins tikėjimo kelius šioje žemėje. Namų dydis ir puošnumas primins jiems, kaip jie mylėjo ir garbino Dievą savo tikėjimu.

Įžengusieji į Naująją Jeruzalę matys Dievo veidą, nes jie išsiugdė tyrą kaip krištolas širdį ir tapo ištikimais Dievo vaikais. Jie gyvens amžinoje laimėje ir džiaugsme, ir angelai jiems tarnaus. Naujosios Jeruzalės stulbinantis grožis ir šventumas pranoksta žmogaus vaizduotę.

Danguje bus įvairių knygų. Gyvenimo knyga, kurioje įrašyti visų išganytųjų vardai. Taip pat prisiminimų knyga apie įvykius, kurie bus prisimenami amžinai. Ji yra aukso spalvos, jo viršelis papuoštas karališkais ornamentais, kad visi pastebėtų didžiulę šios knygos vertę. Joje smulkiai aprašyti žmonių darbai ir jų aplinkybės, svarbios jos dalys yra su vaizdo įrašais.

Pavyzdžiui, kaip Abraomas aukoja savo sūnų Izaoką deginamąja auka; Elijas iššaukia ugnį iš dangaus; Danielius saugomas liūtų duobėje; trys Danieliaus draugai garbina Dievą degančioje krosnyje. Dievas pasirenka dieną bei knygos vietą

235

ir rodo jos turinį žmonėms. Dievo vaikai klauso Jo laimingi ir šlovina Dievą.

Naujosios Jeruzalės mieste nuolat vyks pokyliai, įskaitant Dievo Tėvo rengiamas puotas. Puotos bus rengiamos Viešpaties, Šventosios Dvasios, taip pat pranašų Elijo, Henocho, Abraomo, Mozės ir apaštalo Pauliaus. Kiti tikintieji taip pat gali pasikviesti savo brolius ir iškelti pokylius. Puotos yra dangiškojo gyvenimo džiaugsmo viršūnė. Jose atsiskleidžia dangaus gausa, laisvė, grožis ir šlovė.

Net šioje žemėje žmonės gražiai pasipuošia ir mėgaujasi maistu bei gėrimais dideliuose pokyliuose. Tas pats ir danguje. Dangaus puotose angelai gieda, šoka ir groja. Dievo vaikai taip pat gieda ir šoka. Pokyliuose apstu nuostabių šokių, giesmių ir laimingo juoko. Žmonės linksmai šnekučiuojasi su tikėjimo broliais, susėdę prie apvalių stalų, arba sveikina tikėjimo patriarchus, su kuriais troško susipažinti.

Pakviesti į Viešpaties puotą tikintieji pasipuoš kaip gražiausios Jo nuotakos. Viešpats yra mūsų dvasinis jaunikis. Kai Viešpaties nuotakos ateina prie Viešpaties rūmų, du angelai nuolankiai pasitinka juos prie vartų, žėrinčių aukso šviesa.

Įvairūs brangakmeniai puošia rūmų sienas. Sienos viršus papuoštas nuostabiomis gėlėmis, skleidžiančiomis švelnų aromatą atvykusioms Viešpaties nuotakoms. Rūmuose skamba muzika, prasiskverbianti į sielos gelmes. Dievo vaikai jaučia laimę ir ramybę, skambant Viešpatį šlovinančiai muzikai, ir gilus dėkingumas apima juos, galvojant apie Dievo meilę, atvedusią juos į šiuos rūmus.

Kai jie angelų vedami eina aukso gatve į pagrindinį Viešpaties rūmų pastatą, jų širdys virpa iš laimės. Jie išvysta Viešpatį, išeinantį jų pasitikti. Jie iš karto apsipila laimės ašaromis ir bėga pas Viešpatį, nes nori kuo greičiau jį susitikti.

Viešpats apkabina juos vieną po kito, Jo veidas spindi meile ir gailestingumu, o rankos plačia išskėstos. Jis sveikina juos, sakydamas" „Ateikite! Mano nuostabios nuotakos! Ateikite!" Šiltai pasitikti Viešpaties tikintieji iš visos širdies dėkoja Jam, sakydami: „Labai ačiū, kad pakvietei mane!" Dalindamiesi gilia meile jie vaikščioja su Viešpačiu, grožisi aplinka ir kalbasi su Juo, ko taip troško šioje žemėje.

Gyvenimas Naujosios Jeruzalės mieste su Dievu Trejybe yra kupinas meilės, džiaugsmo, laimės ir gerumo. Mes matysime Viešpaties veidą, glausimės Jam prie krūtinės, keliausime su juo ir džiaugsimės įvairiausiais dalykais! Koks laimingas gyvenimas! Norėdami džiaugtis šia laime, turime tapti šventais dvasiniais žmonėmis ir įgyti sveiką dvasią, tobulai panašią į Viešpaties širdį.

Siekime sveikos dvasios su viltimi būti palaimintais sėkme visuose reikaluose ir sveikata, kad mūsų sielai sektųsi, ir paskui apsigyventi kuo arčiau Dievo sosto šlovingame Naujosios Jeruzalės mieste.

Autorius:
Dr. Jaerock Lee

Dr. Jaerock Lee gimė 1943 metais Korėjos Respublikos Kjong-nam provincijos Muano mieste. Būdamas dvidešimties jis jau septynerius metus sirgo daugybe nepagydomų ligų ir laukė mirties, neturėdamas vilties pasveikti. Tačiau 1974 metais jo sesuo nusivedė jį į vieną bažnyčią, ir kai jis atsiklaupė pasimelsti, Gyvasis Dievas iš karto išgydė jį nuo visų ligų.

Nuo tos akimirkos, kai dr. Lee susitiko Gyvuoju Dievu, jis pamilo Dievą visa savo širdimi ir 1978 m. jis buvo pašauktas Dievo tapti Jo tarnu. Jis karštai meldėsi, norėdamas aiškiai sužinoti Dievo valią, visiškai ją įvykdyti ir paklusti visam Dievo Žodžiui. 1982 m. jis įsteigė Manmin centrinę bažnyčią Seule, Korėjoje, ir nuo to laiko joje vyksta nesuskaičiuojami Dievo darbai – antgamtiški išgydymai ir stebuklai.

1986 m. kasmetinės Korėjos Jėzaus Bažnyčios „Sungkiul" asamblėjos metu dr. Lee buvo įšventintas pastoriumi, o 1990 m. – praėjus tik ketveriems metams – jo pamokslai buvo transliuojami Australijoje, Rusijoje, Filipinuose ir daugelyje kitų šalių Tolimųjų Rytų radijo transliacijų kompanijos, Azijos radijo transliacijų stoties ir Vašingtono krikščionių radijo sistemos dėka.

Po trejų metų, 1993, Manmin centrinė bažnyčia buvo išrinkta Amerikos žurnalo „Christian World" viena iš „50 geriausių pasaulio bažnyčių", ir jis gavo teologijos garbės daktaro laipsnį Krikščionių Tikėjimo Koledže, Floridoje, JAV, o 1996 m. Teologijos seminarijos „Kingsway" (Ajova, JAV), tarnautojo daktaro laipsnį.

Nuo 1993 m. dr. Lee tapo pasaulinių misijų lyderiu, rengdamas daug evangelizacinių kampanijų Tanzanijoje, Argentinoje, Los Andžele, Baltimorėje, Havajuose, Niujorke, Ugandoje, Japonijoje, Pakistane, Kenijoje, Filipinuose, Hondūre, Indijoje, Rusijoje, Vokietijoje, Peru, Kongo Demokratinėje Respublikoje, Izraelyje ir Estijoje.

2002 m. Korėjos pagrindinių krikščioniškų laikraščių už savo veiklą įvairiose Didžiosiose jungtinėse evangelizacinėse kampanijose jis buvo pavadintas „pasaulinio masto pastoriumi". Jis surengė „Niujorko evangelizacinę kampaniją 2006" garsiausioje pasaulio arenoje „Madison Square Garden." Šis renginys buvo transliuojamas 220 tautų, o savo „Izraelio vieningoje evangelizacinėje kampanijoje 2009", kuri vyko Jeruzalės tarptautiniame konvencijų centre (ICC), jis drąsiai skelbė, kad Jėzus Kristus yra Mesijas ir Gelbėtojas.

Jo pamokslai transliuojami į 176 šalis per palydovus, įskaitant GCN TV. Populiarus Rusijos krikščioniškas žurnalas „Pergalėje" ir naujienų agentūra „Christian Telegraph" už jo tarnystę per TV ir misionierišką veiklą įtraukė jį į įtakingiausių krikščionių vadovų dešimtuką 2009 ir 2010 metais.

2013 metų gegužės mėnesio duomenimis, Manmin Centrinei Bažnyčiai priklauso daugiau negu 120 000 narių. Visame pasaulyje yra 10 000 dukterinių bažnyčių, įskaitant 56 vietos bažnyčias, daugiau negu 129 misionieriai buvo paskirti darbui 23 šalyse, įskaitant Jungtines Valstijas, Rusiją, Vokietiją, Kanadą, Japoniją, Kiniją, Prancūziją, Indiją, Keniją ir daug kitų šalių.

Šios knygos išleidimo metu, Dr. Lee buvo parašęs 85 knygas, įskaitant bestselerius „Patirti amžinąjį gyvenimą anksčiau už mirtį", „Mano gyvenimas, mano tikėjimas 1 ir 2", „Kryžiaus žinia", „Tikėjimo mastas", „Dangus 1 ir 2", „ „Pragaras", „Pabusk, Izraeli!" ir „Dievo jėga". Jo darbai išversti daugiau negu į 75 kalbas.

Jo krikščioniški straipsniai yra spausdinami šiuose leidiniuose: „The Hankook Ilbo", „The JoongAng Daily", „The Dong-A Ilbo", „The Munhwa Ilbo", „The Seoul Shinmun", „The Kyunghyang Shinmun", „The Hankyoreh Shinmun", „The Korea Economic Daily", „The Korea Herald", „The Shisa News" ir „The Christian Press".

Šiuo metu Dr. Lee yra daugelio misijų organizacijų ir asociacijų vadovas: Jėzaus Kristaus jungtinės šventumo bažnyčios pirmininkas, Manmin pasaulinės misijos pirmininkas, Pasaulinės krikščionybės prabudimo misijų asociacijos nuolatinis pirmininkas, Manmin, Globalaus krikščionių tinklo (GCN) steigėjas ir tarybos pirmininkas, Pasaulio krikščionių gydytojų tinklo (WCDN) steigėjas ir tarybos pirmininkas, Tarptautinės Manmin seminarijos (MIS) steigėjas ir tarybos pirmininkas.

Kitos vertingos to paties autoriaus knygos

Dangus I & II

Žavios gyvenimo aplinkos, kurioje gyvena Dangaus piliečiai, detalus aprašymas ir puikus skirtingų dangaus karalystės lygių pavaizdavimas.

Žinia apie Kryžių

Stiprus ir širdį žadinantis pamokslas visiems, kurie dvasiškai užmigo. Skaitydami šią knygą sužinosite, kodėl Jėzus yra mūsų vienintelis Išgelbėtojas ir patirsite tikrą Dievo meilę.

Pragaras

Nuoširdus pamokslas visiems žmonėms nuo paties Dievo, kuris nori, kad nei viena siela nepatektų į pragaro gelmes! Sužinosite apie visai Jums nepažįstamą pragaro gelmių realybę.

Dvasia, Siela ir Kūnas I & II

Dvasiškai supratę dvasią, sielą ir kūną, kurie yra sudedamosios žmonių dalys, skaitytojai galės pažvelgti į save ir suprasti žmonių gyvenimą. Ši knyga rodo skaitytojams, kaip tapti dieviškosios prigimties dalininkais ir gauti visus Dievo pažadėtus palaiminimus.

Tikėjimo Saikas

Kokia buveinė, karūna ir apdovanojimai laukia Jūsų Danguje? Ši knyga išmintingai ir kryptingai padės Jums nustatyti savo tikėjimo saiką ir išugdyti geriausią ir brandžiausią tikėjimą.

Pabusk, Izraeli

Kodėl Dievas nenuleidžia Savo akių nuo Izraelio nuo pat pasaulio pradžių iki šios dienos? Koks Jo planas yra paruoštas Izraeliui paskutinėmis dienomis, kai jie laukia Mesijo?

Mano Gyvenimas, Mano Tikėjimas I & II

Gardžiausias dvasinis aromatas, sklindantis iš gyvenimo, kuris žydėjo neprilygstama meile Dievui tamsių bangų, šalto jungo ir neapsakomos nevilties laikais.

Dievo Jėga

Šią knygą būtina perskaityti tiems, kurie ieško atsakymų į tai, kaip įgyti tikrą tikėjimą ir patirti stebuklų kupiną Dievo jėgą.

www.urimbooks.com

www.ingramcontent.com/pod-product-compliance
Lightning Source LLC
LaVergne TN
LVHW021806060526
838201LV00058B/3258